IkiPöllö ja Töllö

Uskonfilosofista pohdiskelua

2015 T S Hämäläinen

Kansi: kuvat T S Hämäläinen
        keramiikkapöllöt Ruth Hofström-Hildén

Kustantaja BoD-Books on Demand, Helsinki, Suomi
Valmistaja BoD-Books on Demand, Norderstedt, Saksa

ISBN 9789523185173

IkiPöllö ja Töllö

Lukijalle

Tämä teos on syntynyt Pöllön ja Töllön syvällisistä keskusteluista. Tai on oikeampi sanoa, että tämä juttu on syntynyt Pöllön puheista, koska Töllö on ollut pääasiassa kuunteluoppilaana.
Kuunteluoppilaana ikään kuin ennen vanhaan alakoulussa. Siis silloin kun ei vielä ollut oikeasti koulussa.
Töllöllä oli paljon kyseltävää, ja niinpä Pöllö tunsi itsensä hyvin tärkeäksi selostaessaan Töllölle maailman asioita, vaikka ei Töllö paljoakaan ehtinyt tai osannut kysellä. Pöllö oli näet hyvin puhelias, ja oli mieluusti äänessä.

Tässä vaiheessa on hyvä heti alkuun sanoa, ettei Töllö ole mikään halventava haukkumanimi, vaan nimi putkahti kerran oikein hauskassa tilanteessa, kun Pöllö selosti erästä asiaa, ja Töllö sanoi että minä en oikein aina meinaa ymmärtää Pöllön puheita. Sinä olet Pöllö ja minä olen Töllö. Minä olen sellainen oppipoika ja Töllö on minulle oikein hyvä ja mukava nimi. Se oli oppinut Pöllöltä, että jos ei ymmärtänyt jotain juttua, niin oli parasta suostua Töllöksi, eikä olla tietävinään sellaista mitä oikeasti ei tiennyt eikä ymmärtänyt. Tästä syystä se piti Töllö nimeä oikein arvokkaana ja viisaana nimenä, koska se osoitti juuri sopivan nöyrää asennetta, jota uuden oppiminen ja todellinen ymmärtäminen sen mielestä edellytti. Tämän se oli siis oppinut tietysti Pöllöltä.

Pöllö on paljon maailmaa nähnyt pöllö, ja huomattavasti viisaampi kuin kukaan muu tunnettu silmin havaittava olio maailmankaikkeudessa.
Viisautensa se oli saanut kerännyt läpi maailmojen kestäneen elämänsä aikana. Se oli nähnyt monenmoista outoa ja eriskummallista, mutta myös tavallisemman oloisia juttuja.
Se tiesi ja ymmärsi monenmoista, mutta oli toki juttuja jota se ei pystynyt valtaisasta kokemuksestaan ja ymmärryksestään huolimatta ymmärtämään.

Se oli hyvä tarinankertoja, ja niinpä Pöllöä kuunnellessa ei yleensä pitkästynyt. Vaikka joskus Pöllön jutut tuntuivat ehkä hieman vaikeasti uskottavilta, niin se sanoi niiden kuitenkin olevan totta.
Aivan kokonaan totta. Mitään muuta ei sen mielestä kannata kertoakaan, koska totuus on huomattavasti kaikkia tarinoita ihmeellisempi. Paljon ihmeellisempi.
Kysymys oli vaan siitä, että yleensä uskotaan ja pidetään jollain tavalla totena sellaisia juttuja, jotka on keksitty tai sillä lailla muutoin rakenneltu, kun on tarvittu jokin mihin uskoa. Sitten on uskottu siihen. Ja uskottu tosissaan. Jopa niin tosissaan, että on tehty vaikka mitä sen uskomuksen tähden. Vaikkapa tapettu toisia.

On siis yleensä tärkeää, että on mihin uskoa, jotta voi sen valjastaa omiin touhuiluihinsa sopivaksi uskomukseksi. Elämä vaan on sellaista. Se vaan on niin. Koska se on niin, on tyhmää väittää toisin, ja yrittää vääntää totuutta toisenlaiseksi.

Pöllö on katsonut saaliikseen kertoa kaiken sen minkä varmuudella tietää, tai ainakin lähes tietää, kaiken kansan ymmärrettäväksi. Se sanoo omasta mielestään hyvinkin hurskaan oloisesti, että kellä on korvat, se kuulkoon.

Pöllö vaikutti usein hieman lapselliselta, kun hän ohitti monesti elämänrealiteetit, eikä uskonut siihen, mihin ihmiset yleensä uskovat. Ihmiset olivat sen mielestä rakennelleet historian saatossa hyvinkin uskottavan oloiseksi sen mihin nyt uskoivat, toisin kuin Pöllö. Koska Pöllö oli lentänyt ristiin rastiin tätä maailmankaikkeutta ties kuinka kauan, sillä oli hyvin selkeä kuva maailman jutuista. Kaikki minkä se tiesi oikeaksi oli tietysti totta.

Töllö pyytää Pöllöä

Tuli ilta ja sitten uusi aamu. Tänä aamuna. Tänä aamuna minä kerään niin paljon rohkeutta, että minulla on niin paljon sitä, siis rohkeutta, ettei minulla ole koskaan ollut niin paljon tätä tuota rohkeutta. Näin miettii Töllö, ja avaa suunsa.

Kuulehan Pöllö. Pyydän sinua, kun sinulla on tuota kokemusta ja näkemystä, niin selittämään minulle Raamattua ja tätä elämää. Sopiihan se? Tästä olemme keskustelleet taannoin tuolloin. Mielestäni silloin lupasit minulle. Eikö olekin niin? Pyydän, että aloitat Johanneksen evankeliumista. Se kun on minulle jotenkin mieluisin. Kiltti. Sopiihan se?

Njo jaa. Miksipä se ei sopisi. Olethan sinä minun ystäväni. Olen kylläkin muutoinkin pitänyt tällaisia opetusjuttuja, kun on pyydelty sieltä ja täältä, vaikka eivät ole niin ystäviä ole olleetkaan. Olen suostunut useimmiten, koska olen ollut havaitsevinani huomaavani, että elämme sellaista aikaa nyt, että elävien ei tarvitse enää niin paljon uskoa vaan sen tähden ja siksi, että on turvallista uskoa johonkin. Tämä antaa paremmat eväät todelliseen tosi tosi kohtaamiseen perusiskän, siis tuon taivaan peruspäällikön kanssa. Onhan se toki helpompaa ja jos ei ole jotkut höpö höpö viisastelijat sorvaamassa näitä tapaamisjuttuja omilla viisaushömpötyksillään.

Elämä on ja on niin huipsin yksinkertaista kaikista monivitamiinitableteista huolimatta. Mitä enemmän on keitossa näitä olevaisen miettimiä monivitamiineja, sitä sekavammaksi koko solukko menee, eikä kukaan oikeesti ymmärrä justiinsa oikein mitään. Mutta kaikki tämä moni vitamiinikeitto on ollut oikein tosi tarpeellinen.

Eihän mikään synny heti kohta valmiina. Se syntymä tosin ja oikein kyllä, sisältää siemenen täysi kokoiseen valmiina olemiseen, mutta pitää sitä huikka harjoitella. Tämä tuota tämä ihmisen harjoittelu on saattanut ja on myös kestänyt kuin tarina tuhannen ja yhden yön sadussa. On mennyt aikoja ja aivoituksia yli mitan ymmärryksen. Mutta jos menee yli, niin hukkaan se ei kuitenkaan mene, koska tämä pytty josta ne aivoitukset ja ajat ovat tursuneet yli, on sellaisella iankaikkisuus alustalla, ettei ne hukkiin joudu vaikka pursuvat permannolle. Usein tosin on sellainen kutina ja vapina , että on huiskittu kaikki hukkaan, kun tuntuu ettei mitään ole opittu täällä tarpoessa.

Tällaisella mietteellä on tosin liian lyhyt näkö. Sanonpa sinulle Töllö, nyt tässä hieman reippaasti ehkä hiukka liioitellen, että TaivaanIskällä on tämä meidän elämisen kokonainen härveli semmoinen, että kun Hän nykäisee yhdestä nyöristä, niin se tietää millainen nykäys tapahtuu miljoonan vuoden perästä siellä pyörivässä rataksessa. Ei ole hukassa ainoakaan sykäys. Sinä sanot varmaankin, että onpas sinulla Pöllö vankka usko kaiken johdannaiseen. Njo jaa, sanon minä. En minä aina oikein tiedä mitä olevaiset sillä uskomisella oikein tarkoittaa. Tai saatanpa tietääkin. Johan siitä aikaisemmin puhuin vähäsen. Kun joku on hyvin uskottavasti sanonut tahi kirjoitellut jotakin, ja sitten on kokoontunut porukka joka on alkanut siihen uskoa. Ja uskoa lujasti. Lujasti, koska silloin on helpompi saada semmoiset ainutlaatuisen uskomisen merkit, ja on turvallista kun puristetaan käsi toisen käteen ja yhdennetään ajatukset samoiksi. Me ollaan luultavasti ainoat jotka täältä selviää taivaalliseen kotipesään, sanotaan. Kato vaikka Raamatusta. Näinhän siellä sanotaan. Ja Pyhä Henki sen todistaa.

Koska olemme samaa mieltä tästä asiasta, niin meillä on sitten varmasti Pyhä Henki, ja sitten piste ja pulinat pois, ettei käy köpelösti.

Ne joka uskovat jotakin hölynpölyä, siis jotain muuta kuin mihin me uskomme, voi vaikka tappaa, koska ne saattavat olla jossakin tilanteessa vaarallisia. Esimerkiksi voivat ryöstää meidät tai saada valheillaan vietellyksi niitä, jotka ovat oikeassa uskossaan heikompia. Se tappaminenhan on oikeastaan ihan oikein, koska ne Raamatunkin mukaan joka tapauksessa hävitetään pois olevien kirjoista. Niitten tappaminen on tavallansa palvelus kaikkeudelle, kun hävitetään ne pois pilaamasta meidän maapalloamme.

No tämä on nyt tämmöistä jutustelua. Totta ja tarinaa. Minä puhun kylläkin melkoisesta kokemuksesta. Olen kaarrellut pitkin poikin läpi koko elävien historian aina luomisen hetkestä alkaen. Olen oppinut, jos en muuta, niin ainakin kärsivällisyyttä. Sitä on todella tarvittu. Mutta sen repullisen tätä kärsivällisyyttä olen tietysti saanut Iskältä, niin kuin kaikki muutkin jutut, joita minulla on, kuten esimerkiksi tämän kyvyn kierrellä ja kaarrella läpi aikakausien ja ikuisuuksien.

Vaikka kylläkin minulla on selkeästi tiedossa, ymmärryksen murusena silmieni takana, että kaikki muuttuu koko ajan.

Niinpä tämäkin seikka, tämä kaartelu juttu, sitä minä nyt tarkoitan, saattaa sitten joskus muuttua vaikkapa istahtamiseksi kannon nokkaan, kun minun kaarteluni ei enää ole sillä lailla tarpeellinen. Mutta se on tämä kaartelu minulle pelkkää iloa, koska minut on luotu kaartelemaan siihen asti kunnes se ei enää ole tarpeellista.

Niin tämä usko juttu meinasi unohtua, kun jäin fiilistelemään tuossa kaartelun nosteessa.

Minä Pöllö olen hieman jäävi puhumaan uskosta olevaisten kanssa, kun ne puhuu aina vain siitä mihin ne nyt tällä hetkellä sattuu uskomaan.

Ne nääs luulee, että se on tärkeä juttu mihin ne uskoo, vaikka sillä ei ole heille muuta merkityksellistä kuin tyynnytellä omaa päärustinkia, ja näin rauhoitella olevaisen olemista.

Minä olen siitä kulmasta katsottuna heikko tapaus. Heikko olen myös opettamaan toisia tässä uskojutussa, kun olen oppinut sen, että joka olevaisen on löydettävä se juttu oman elämän kautta, ja neuvo on huono opettaja. Sitten kun ne herää itse kyselemään, niin sitten kannattaa hieman vinkata mistä se kyselyn ja kiinnostuksen kohde saattaisi asustella.

Minä Pöllö olen saanut katsella tätä omaa ja muiden olevaisten olemista sillä lailla hieman erilaisesta kulmasta, joka selviää nyt hyvinkin pian kun pyrähdämme tutkailemaan pyyntösi mukaan tuota Johanneksen ylös kirjoittamaa tarinaa Jeesuksen ajoilta.

Minä yritän vielä ensin porista siitä usko jutusta, kun sen jonkinlainen selittäminen tuntuu sinullekin olevan niin tärkeä. Katsoppas nyt Töllö tätä juttua. Taivaan iskä on luonut sinut silloin joskus joskus, siis silloin joskus, joka selviää hiukka myöhemmin, milloin se oli, ei paljoa myöhemmin. Kun se Iskä on sinut luonut, sinussa on tämän luomisen perusteella Iskä koodattu sinun sisimpääsi, Henkeesi.

Sinun ytimeesi. Tämä asia on näin, etkä sinä tahi minä voi sitä mitenkään toiseen muotoon sorvailla. Meinaan sitä että se asia on näin. Sinä olet Iskän lapsi. No sitten kun tavalla tahi toisella sinun, siis sinun Töllön, se sinuun koodattu Iskä tai Iskän perimä ja itse Iskä ovat rupatteluyhteydessä, vaikkapa ilman kuultavia sanoja, niin se on se usko.

Te olette silloin tavallaan tulleet uudelleen yhteen ja yhdeksi. Kuitenkin sinä olet siististi siinä Töllö, joka et ollut silloin joskus joskus kun Iskä sinut loi. Silloin tällöin sinä et enää enemmälti kysele juurikaan mitään. Kun asiat ovat tällä tolalla, ne ovat oikeesti hyvin.

Kuulehan Pöllö. Minä en ymmärrä, että luulen ettet sinäkään ymmärrä, miksi kaikki tämä juttu on niin hirvittävän karmaisevan, ja joskus hupaisankin vaikea asia olevaisille. Kun sinä nyt kerroit tuon äskeisen, se tuntui jotenkin niin helpolta, ja sanalla sanoen yksinkertaiselta. Miksi minunkin on niin hupsis hankala olla siinä juttuyhteydessä iskän kanssa, vaikka tahtoisinkin olla?

Rakas Töllö ystäväni. Jos en olisi kierrellyt ja kaarrellut niin toden totta kauan ja perusteellisesti tätä kaikkeutta ristiin rastiin, niin olisin totta vie vetänyt vähintään yhden herneen nenään tuosta kun sanoit luulevasi, etten minäkään ymmärrä. Oli lieventävää, että sanoit, että luulen. Onhan niitä toki juttuja, joita oikeasti en ymmärräkään. Se miksi asiat ja suhteet ovat niin tyhmän vaikeita, alkaa jollain tavalla selvitä, kun pääsemme todelliseen tutkailuun tämän Johanneksen kertomuksen ryhdittämänä.

Nämä jutut ovat semmoisia, että näitä pitää tutkailla aivan ihan tosissaan. Niin tosissaan ja vakavasti, että tulee itku. Silloin kun ollaan siinä itkupisteessä, silloin ovat asiat hyvällä mallilla. Veli huumori kannattaa silloin pyytää matkatoveriksi. Matka sujuu näin rattoisasti, eikä liian totisesti. Ne olevaiset jotka ovat turhan tosissaan, pilaavat oman ja toistenkin elämisen.

Ne jotka ovat turhan tosissaan, haluavat olla oikeassa, ja vaativat naapuritakin olemaan samaa mieltä kanssansa. Jos eivät ole, yritetään halveksunnalla saada heidät muuttamaan mielensä, ja tulemaan heidän porukoihin. Jos ei, niin voidaan vaikka alkaa tappamaan, koska vääräuskoisethan voi tai tulee tappaa. Raamatussa on runsaasti tällaisia esimerkkejä ja ohjeita. Niiin, Raamatussa näin määrätään.

No se olevainen jolla on veli huumori matkassaan, sen ei tarvitse olla oikeassa. Sillä on melko varmasti se piuha kunnossa Iskän suuntaan. Sen ei tartte huolehtia mistään oikeassa olemisesta. Se jättää nämä oikeassa olemisjutut Iskälle. Koska koska se tietää että Iskä tietää takuuvarmasti mitä näiden juttujen kanssa tarttee tehdä. Se voi ja saa vaan elää ja elää, ja jos joku siltä jotakin kysyy, niin sitten vastata siihen ymmärryksensä mukaisesti.

Koska olen, kuten jo jollakin tavalla sinä Töllö ehkä tiedätkin, kierrellyt ja kaarrellut ihan pikkiriikkisen tätä maailmaa pitkin ja poikin siellä sun täällä, ja joka kolkalla, ja vaikka kuinka kauan, hamasta iankaikkisuudesta asti, on minulle rakentunut hieman tätä näkemystä.

Toisaalta kun kuuntelen nyt itseäni, ja huomaan kuinka tarvitseva olen, vaikka olen niin paljon ja kauan kierrellyt ja kaarrellut, alkaa melkein Pöllön posket punottaa. Tämän veli huumorin ollessa kumppanina, voimme huoletta havaita tämmöisiä lapselliselta tuntuvia juttuja itsessämme ja naapureissamme. Se ei kuitenkaan ole mikään lapsellinen seikka elämässä. Se kuuluu tähän elämän juttuun, että tarvitaan monenmoisia huomioita toisilta olevaisilta.

Jos joku on vaikka kuinka vanhakin olevainen, ja on edelleen sitä sun tätä tarvitseva, kertoo että se ei ole saanut sitä mitä se tarvitsee, niin eikö ole soveliasta ja oikein antaa naapurille mitä se tarttee. Jos et anna, kertoo se että sinä itse olet vielä saamapuolella tässä elämisessä.

Jos on saamapuolella, niin sisikuntaan koodattu kässäri ei ole vielä toteutunut.

Toisaalta tämän jutun rakentava salaisuus onkin siinä, että kun annamme tahi saamme sitä mitä tarvitsemme sopivan annoksen, niin kuksa täyttyy ja elämä etenee jälleen iloisesti. Nöyryys se nöyryys. Kun nöyryys tämän elämän edessä kulkee asenteena edellä, niin ymmärrämme antaa ja ottaa vastaan sitä mitä tarttemme, ja antaa mitä naapurimme tarttee.

Siementänsäkään ei olevainen voi oikein ja totisesti peitata muutoin kuin nöyryydellä.

Se oikeanlainen nöyryys olevaisessa on kauneinta mitä saavuttaa saattaa. Ja suurinta. Pieni on tullut suureksi, niin kuin Iskän Poika sanoi. Se pätee ainiaisesti.

Evankeliumia Johanneksen mukaisesti

Sana tuli lihaksi

No niin Töllö. Nyt viimeinkin päästään sinun toivomiisi kaarteluihin.

Johannes kuittaa lyhykäisesti valtaisan tapahtumakokonaisuuden, koska se ei tavallaan nyt kuulu tämän evankeliumin juttuun ja yhteyteen. Noh, tapahtumasarja mennee ja jotensakin näin sen muistelen olleen. Kun Johannes kirjoittelee, että sana oli Iskän luona alussa, se tarkoittaa, että se Sana oli ja on Iskän poika Kristus, joka oli ja on myös samaa verta ja henkeä Iskän kanssa, ja näin ollen yhdenlainen Jumala kuin Isänsäkin. Sitten sanotaan heidän molempien olevan elämä ja valo myös olevaisille. Siis tuleville olevaisille, koska niiden värkkääminen vasta oli aluillaan. Sitten Iskä antoi Pojalleen luvan alkaa värkätä. Luvan, koska Poika oli niin innoissaan, ettei suinkaan tarvinnu minkäänlaista kehotusta tahi käskyä aloittamiseen. Niinhän se on olevaistenkin kanssa, että nuorena ollaan vilkkaampia ja innokkaampia touhuamaan monenmoista, kuin sitten vanhempana. Siinä innossa sitten sattuu usein möhläyksiäkin pääsemään raitille, mutta se kuuluu olevaisten elämässä toimenkuvaan. Tällä en suinkaan tarkoita, että Pojalle olisi sattunut niitä möhläyksiä, vaikka välillä, öhöm, siltä näyttääkin väliin, kun katselee muita olevaisia, ja sitten itteensä.

Nyt minun Pöllön täytyy tehdä hurja mielikuvakiertely ja kaartelu takaisin sinne kaiken alkuun, jotta osaan hieman eläytyä taasen siihen jaksoon kun Poika teki tämän luomisjutun, jonka seurausta kaikki olevainen on. Minä Pöllö olin tässä luomistilanteessa koko ajan läsnä, vaikka minulla ei siinä ollutkaan varsinaista hommaa. Minun on hieman vaikea sanoittaa sitä tehtävää, ja tavallaan roolia, mikä minulla on tässä koko jutussa, mutta se selvinnee tämän kertomuksen kuluessa. Pöllö on Pöllö. Sinä Töllö olet ikään kuin minun toinen puoliskoni. Täysin yhtä tärkeä kuin minäkin, jos et vaikka hieman tärkeämpikin tässä maajutussa.

Kun Poika, siis Sana, alkoi luomistyön, se oli todella hyvin hyvin erikoista, meinasin sanoa aikaa, mutta aikaa ei silloin ollut siinä merkityksessä kuin se on olevaisille nykyisin. Siis hyvin special.

Tämä luomisjuttu on hyvin ja erittäin erikoinen tapahtuma. Meidän ja maan olevaisten on sitä ainakin lähelle mahdotonta ymmärtää. Tässä luomisjutussahan siis luotiin kaikki olevaisten henget. Satatuhattabiljoonaatriljoonaa hetkeä ennen tätä hetkeä. Mutta mikäs aika tuo nyt sitten on. Ei mikään sen kummempi. Sinä Töllö olet siinä ja minä Pöllö olen tässä. Triljoonat ovat olleet ja menneet. Meidän tuon ymmärryspuolen onkelma on siinä, että voimme käsittää monenmoisia juttuja, mutta henkeä, ja sen olemisen laitaa, emme täällä olevaisten keskuudessa todellakaan ymmärrä. Uskoisin tämän johtuvan siitä, että sitä ei ole meille ymmärrettäväksi annettukaan. Voimme vaikkapa rakennella kokonaisen olevaisen juuri sellaisilla aineksilla kuin elävä olevainen on. Täsmälleen samanlaisen. Mutta mutta. Miten saada tuo oleva eloon. Elävää ei siitä vaan tule. Hengen salaisuus vaan säilyy olevaisten ulottumattomissa.

Evankeliumin alussa toitotetaan sitä, että kaikki on syntynyt Sanan kautta ja voimalla, siis Pojan kautta, elikkä Kristuksen kautta. Arvelen sen johtuvan kun sitä niin painotetaan siitä, että Iskällä on muitakin projekteja, vastaavia kuin tämä meidän maapallojuttumme. Sen vuoksi oli hyvä selventää vastuut, ettei mene aurinkokunnat sekaisin.
Sittenpä Kristus aloitti luomistyönsä. sitä riittikin hyväksi toviksi. Niin paljon oli luotavaa. Aivan valtava määrä erilaisia juttuja. Ei niitä tarvitse olevaisten ymmärtääkään.

Tämä luomisjuttu on jollakin tavalla kylläkin ymmärrettävissä, kun mietitään olevaisten luovaa työtä maapallon olosuhteissa. Tarkoitan siitä suurinta olevaisen luomista. Siis lisääntymistä.
Jotensakin samoin vilosohvioin luominen tapahtui Sanan luodessa koko maailman eläväiset kasveista ihmisolevaisiin. Silloin luotiin hengen maailma. Kaikki oli sellaisessa hienojakoisessa hengenmuodossa, jota maan olevaisten silmillä ei voi nähdä. Ei voi vieläkään. Senpä tähden on niin vaikea vääntää ymmärrystään semmoiselle väkkyrälle, että voisi tätä olemisen kokonaisuutta jollakin muotoa ymmärtää.

Suurin juttuhan tässä vinksahduksessa on se, että on vakavasti ja vakaa usko tämän olemisen

jokaisen kohdalla olevan ihan ensikerran juttu.
No, tämä on tietysti hyvin yksinkertainen ja sillä tavalla rehti johtopäätös olevaisen olemisen ymmärrystilasta. Koska minä olen tässä, enkä muista mittään muuta olemista, niin ei sitä silloin voi olla olemassa.

Kun Kristus suoritti tämän luomisen, niin ei Hänkään tyhjästä henkimaailmaa polkaissut.
Hän loi silloiset olevaiset uuteen, uudenlaiseen, uuden näköiseen ja kokoiseen olemiseen.
Tässä olevaisten kehitysmatkalla on aikojan viilettäessä ollut monenmoista tuumailua.

Minä Pöllö muistan erään kerran kierrellessäni ja kaarrellessani törmänneeni tässä suhteessa kaikkien olevaisten olemista hyvin kuvaavaan ihmisolevaisten porukkaan. Tuon heimon olennot ei näet aamulla herätessään muistaneet ollenkaan eilistä päivää, eikä ennen olemistaan lainkaan.
Voi miten helppoa olemista. Ei varmaankaan tarvinnut juurikaan murehtia tätä olemista, niin kuin monet täällä elämänsä turhaan harmaannuttavat liialla fundeeraamisella.

Jokaisella olevaisella tämä oleminen on kuitenkin ainutkertainen ja ainoa juuri tämä oleminen. Tämä hetki, eikä tämä elämä toistu enää milloinkaan. Vaikka mikään ei katoa, niin juuri tämä hetki ja juuri tämä oleminen on ainutkertainen. Juuri näin sanon minä Pöllö. Mitä sinä Töllö tästä aksioomasta tykkäät. Mutta kautta helvetin tulen ja kannon, vaikka tämä oleminen on taatusti ainutkertainen, niin yhtälailla varmasti kaikki on ollut Kristuksen luomisen jälkeen aina olemassa.

Jo paljon ennen tämän laneetan olomuotoa. Se vaan on niin, sanon minä Pöllö. Paljon ja aina kierrellyt ja kaarrellut IkiPöllö. Tämä IkiPöllö onkin minulle oikein sopiva nimi.

Ristin itseni siis tästä hetkestä alkaen IkiPöllöksi. Siis kuulkaa kaikki, uusi nimeni on IkiPöllö. Jos jollain on jotakin valittamista tästä asiasta, sanokoon sen juuri nyt heti.

Silloin luomisen jälkeen piti saada koko uuteen olemiseen luotu porukka pois Iskän kirkkaasta ja täydellisestä olemisen vaikutuspiiristä. Siis taivaasta. Ai miksikö?

No tietysti siksi, että eihän poikanen voi pesään jäädä kököttämään. Mutta jotta. Tätä varten oli ollut suunnitelma jo ennen tämän muutosluomisen alkua. No tietysti oli. Eihän taivaan Iskä ole semmoinen että se tekee ja sitten vasta miettii. Suunnitelma kulkee aina edellä.

IkiPöllö myöntää kylläkin joskus, tai siis usein, itse ensin tekevänsä ja vasta sitten miettivänsä.

Olevaisia näiden juttujen kokoluokka ja mittavuus helposti huimaa. Moni ei uskalla pohdiskella laajoja kokonaisuuksia. Pelkää että pää räjähtää. Jos on joskus miettinytkin näin laajasti elämistä, niin ainakaan ei uskalla siitä pukahtaakaan. Pelkää että pidettäisi toisten olevaisten kesken pöllähtäneenä höperönä, sellaisena kylähulluna.

Tämmöistä hidasta sooloilua näyttää olevaisten oleminen olevan. Mitä viisaamman oloisesti kierrättelee sanoja puoleen ja toiseen, sanomatta juurikaan mitään, sitä fiksumman maineen ja korkeamman kunnian saa olevaisten keskuudessa. Ja olevaisten kunnioitus on tärkeää. Niin on. Niin se vaan on tämä asia.

Minulla IkiPöllöllä asia on toisin. Tosin täytyy myöntää, että joskus muinoin muinoin minullakin oli asiat samalla tolalla. Reagoin ja toimin samoin kuin olevaiset nykyisin. Nykykaartelussa asiani ovat eri kohdalla. Kiertelen ja kaartelen, iloitsen elämästä hyvällä omallatunnolla. Suhde Iskään on läheinen, ja kaartelen Hänen pyynnöstään. Sellainen on minun tehtäväni nykyisin.

Voi voi kun se Johanneksen kertomus meinaa aivan unohtua. Vaikka ei kuitenkaan.

Tässä kohdin asia on vaan niin, että perustus täytyy saada kuntoon ennen kuin voi lähteä asentamaan runkotolppia paikalleen. Syystä tai toisesta perustuksen rakentaminen ja rungon tolpitus ei kuulunut Johanneksen tehtäviin. Hän varmaankin oletti sen olevan jo rakennettu.

Sitten luomistyön jälkeen oli vuoro Kristuksesta järjestyksessään seuraavan karpaasin vuoro astella suorittamaan omaa osaansa tässä ruletissa, jossa numerot on kaikki etukäteen tiedossa.

Sitä että kaikki palikat oli jo etukäteen tarkasti suunniteltu, ei pikkuveli Lusiveri tietenkään tiennyt.

Jos häntä olisi informoitu kaikesta etukäteen, niin homma olisi vesittynyt siihen, että hän porukoineen ei olisi ollut oikealla tavalla tosissaan niissä kavalissa toimissa jotka heille oli määrätty.

Tämä Lusiferi houkutteli porukat mukaansa taivaallisesta olotilastaan, ja sen jälkeen kun joukot olivat astelleet portista, ulos portin salvat napsahtivat kiinni. Tätä suunnitelman osa on Raamatussa saanut nimen syntiinlankeemus. No, ihan okei nimihän sekin on. Eihän nimellä sinänsä ole niin väliä, vaan sillä mikä merkitys sille annetaan. Varmaan monet Lusiferin völjyyn lähteneet katuivat lähtöään. Olisi ollut niin makoisaa jäädä Iskän hoiviin. Se nyt vaan ei käynyt päinsä. Olemisen täytyy rakentua eteenpäin. Ei saa eikä voi jäädä kotipesään makoilemaan. Mukavuuden halu seuraa olevaisia kuin hiiripöllö saalistaan.

IkiPöllö kyllä tietää, että kaikkein mukavinta on, kun kulkee Iskän sydämen sykkeen mukaan matkaa taittaen vaivoja säästelemättä. Niin se on.

Nyt oli siis Iskän suuri ratas napsahtanut yhden hammasvälin eteenpäin. Uusi kasvu tarvitsi nyt vaan maaperän jossa kasvaa. Siemen tarttee olosuhteet jossa se voi saada sille koodatun olemisen varren, jotta se voi alkaa rakentua uusien elämisien kautta kohden sille varattua paluumuuttajan uudisasuntoa.

Näissä jutuissa ei ole tapahtunut mitään suunnittelematonta olevaisten sukukunnan karseeta karkoitusta paratiisista, niin kuin on porukoille uskoteltu. Aikansa se varmaan oli tarpeellistakin, jotta saatiin olevaisten narsismia hieman suitsittua.

Näissä Iskän jutuissa ei virheitä tule sillä lailla kun olevaiset usein luulee. Virheitä ei satu suuren suurten rattaiden pyörähdyksissä, eikä pikkiriikkisten pikkuolevaisten hentoisten ratasten liikehdinnässä. Virheiksi tai muuten kömmähdyksiksi ajatellaan usein sellaisia töppäilyjuttuja jotka johtuvat siitä, ettei ole suostuttu ottamaan vastaan tarjolla olevaa ymmärrystä. Se pitää oppia silloin kipeän kautta. IkiPöllö tietää nahoissaan kaikki nämä vaiheet, koska on itse myös kulkenut saman polun alkumetreiltä loppusuoralle saakka.

Mutta nyt IkiPöllön pitää palata nopeasti loogisen elämänvirran jatkumon linjauksiin. Pienet sivuluisut kaarteissa tosin antavat mukavasti draivia, ja pieni pulssin nousu tekee matkanteon jännittävämmäksi, ja on helpompi pysyä hereillä, kun säilyy jännitys ja mielenkiinto vaelluksessa.

Sitten operaatio "maan" pääpomo Kristus astuu jälleen aktiivitoimijaksi. Kyllä IkiPöllö katseli ihmeissään nokka pyöreänä kun mestari alkoi puhaltaa maanpiiriä kokoon täydellisesti käsittämättömällä menetelmällä ja viisaudella sekä jumalallisella voimalla. Siitä se vaan rakentui.

Kaikkialla maaliman kaikkeudessa näkyvä pyöreä muoto tuli myös tämän uuden laneetan muodoksi. Missään ole juttuja jotka lepäisivät paikoillaan. Kaikki liikkuu ja virtaa ja kiertää.
Eläminen on nääs liikettä. Niin tämä uusi pallokin liikkui ja vielä pyöri siinä mennessään. Mitään pysähtyneisyyttä ei ole lainkaan olemassa missään muuallakaan kaikkeudessa.

Kun sitten tuli valmista, niin uusien elämien kasvupaikka oli valmis vastaanottamaan asukit pinnalleen. Mestari tiivisti ensimmäisten olentojen henkiruumiit maan aineksilla uudelle planeetalle sopivaan tiheyteen. Tästä tapahtumasta kerrotaan Raamatun ensilehdillä.

Tavallisimmin olevaiset katselevat omaa elämistään kuin se olisi ensi kosketus olemiseen, ja eläminen olisi Iskän ja laneetan pääpomon Kristuksen tänne ensi olemiseen luoma juttu.
Ei liippaa läheltäkään. Kyllä IkiPöllö tietää mistä puhuu. Kaikki on ollut ainaisesti. Sitä IkiPöllö ei valitettavasti tiedä, onko milloinkaan ollut alkua, jota ennen jotain juttua ei ole ollut olemassa lainkaan. Minä IkiPöllö luulen, että olen itse asettanut kysymyksen väärin. Kaikki on ja on aina ollut.
Missä on ajatuksen alkukoti? Missä on veden alkuaineiden alku?
Mitä mieltä sinä Töllö olet tästä kaikesta? Ihmetteletkö sinäkin elämää? Mitä se oikein on?
Sen minä IkiPöllö olen huomannut näissä kehitysrakenteiden päämoottoreissa, että yleensä syvä kaipuu on kuin puutostila, joka lähettää olevaisen matkalle johonkin.
Syvällä sisällä aktiivimuistin ulkopuolella on olevaisilla kaipauskeskus, joka pitää liikkeellä. Näin on tietysti tarkoitettukin.
Mehän jo totesimme, että mikään ei voi pysähtyä. Kaikki virtaa.
Kaipauskeskus pitää olevaiset oikeassa suunnassa, niin kuin muuttolinnut matkoillaan.
Olevaisten kaipauskeskus pitää heillä taivaskaipuun ja Iskän muiston, kunnes se juuri ajallaan saa täyttymyksensä, kun paluumuuttaja astelee kotiin saalis mukanaan. Saalis on Kristuksen kirkastama sieluruumis. Täyttä totta, sanoo IkiPöllö. Tämän sieluruumiin voi saada vain maan olosuhteissa. Näin juuri. Tämä maaelämä ei ole siis tietenkään mikään

sattuma tahi vahinko, vaan tärkeä askelpaikka olevaisten matkalla kohden sitä juttua, kun Iskä sanoo, että loi kaltaisekseen.

Tämä olevaisten populaatio on niin suuri, että sen vaikutus maailman kaikkeudessa on kohtalaisen merkittävä. Monen mutkan kautta sen tulee rakentua seuraaviin tehtäviin, kuten olemme huomanneet. Kantapään kautta, sanovat olevaiset. Niin juuri, sanoo myös IkiPöllö.

Tämä maailmajuttu on niin laaja ja valtaisa, ja sanon, vaikka ei olekaan kovin miehekästä, että kaikkeus on iihana ja kaunis, huikean kaunis. Tämän kaiken rakkauden logiikka on jotain sellaista, joka maailmankaikkeutta pitää koossa ja hallitsee jokaista soluakin, että ihan huimailee kun aistii siitä edes joitakin nyansseja, vai oliko ne nyt narsisseja.

Paljon riittää olevaisilla kysymyksiä elämän pienistä ja suurista kysymyksistä. Luoduilla hengillä on tämä kaipausmuisti, joka sykähtelee impulsseja entisestä harmonisesta rakkauden täyttämästä oloelämästä.

Poikasilla on kipeitä tuntoja kun Iskä tönäisee untuvikon pois kotipesästä. Hän tekee sen rakkaudesta. Muutoin ei ole mahdollista oppia lentämään.

Minä kaiken nähnyt IkiPöllö myös joskus mietin, miksi olevaisten silmillä ja ymmärryksellä on oltava verho, joka estää näkemästä yli ja ali tämän elämän. Iskä tietää ja ymmärtää tämän paremmin, että miksi. Mutta kysyä saa ja myös tulee, silloin jokin juttu askarruttaa.

IkiPöllö kokee tämän olevaisten olemiseen vaikuttavan pienen ja rajatun ymmärrys ja näköalakehän hyvin kipeänä kysymyksenä. IkiPöllö usein mietti, miksi ei olevaisille anneta ymmärrystä kaikkeuden kokonaisuudesta. Sen voisi olettaa edes hieman tuovan helpotusta tämän maavaiheen olemisen karmeisiin käänteisiin.

Olevaiset elävät kuin hämärässä kallioluolassa, josta näkee vain pienen pilkahduksen taivasta. Tästä taivaansinen palasesta on sitten väännetty mitä karseimpia pelon ja tuomion juttuja hämärän luolan nuotiotulen loimussa.

Kuten sinä Töllö oppineena maisterina tiedät, niin jokainen puhuu suustaan ulos omaa sisikuntaansa. Selkeät kirjoituksetkin saavan värityksen tulkitsijansa räjäyttämän väripanoksen tahratessa sivut oman kivun ja ahdistuksen pigmentillä.

Monet niistä rakentuvat siitä eksistenssin tuskasta jota olevainen kokee tietämättömyyden ja ymmärtämättömyyden puutarhassa. Mutta mutta.

Iskä ja Pääpomo ymmärtävät nämä asiat paremmin. Ne ovat takuulla juuri sillä lailla kuin tulee ollakin. Tässäpä näette. Vaikka IkiPöllö on Pääpomon hommissa, niin ymmärrys ei suinkaan ole samalla tasolla kuin pomoilla. Ei lainkaan.

Olet Töllö varmaan hokannutkin, että olen antanut itselleni uuden liitteen nimeni eteen. IkiPöllö. Onko se sinusta hauska. Itse pidän siitä. Enhän muutoin käyttäisi sitä. Iki, IkiPöllö. Kuulostaa minusta mukavalta. Sillä on kylläkin myös vunktio. Se kertoo olemiseni erikoistehtävästä Pääpomon suhdetoiminta Pöllönä. Olen siis kaarrellut tässä tehtävässäni jo sieltä olemisen alkumetreiltä lähtien

Pääpomon eräänlaisena lähettinä ja joka paikan höylänä.

Tykkään kovasti tästä saamastani tehtävästä. Se sopii mielestäni minulle oikein hyvin.

No tietysti sopii. Ei Pääpomo tee virheitä valinnoissaan. Minut on laitettu kiertelemään ja kaartelemaan olevaisten elämää tutkailemaan. Joskus sopivasti silloin sun tällöin laskeudun avatakseni suuni kuten nyt sinun luoksesi Töllö, joka olet, kuten on jo sanottukin, ikään kuin toinen puoliskoni, ja paras ystäväni.

Minä IkiPöllö kun en pysty kaikkia juttuja, tai paremminkin perimmäisiä syitä tapahtuviin olevaisten koukeroihin ymmärtämään, niin kyllä sitä on monesti joutunut nokka pyöreänä ihmettelemään, että kyllä asiat voi tehdä todella elämää vaikeuttavalla tavalla.

Sitten kun pysähdyn hieman fundeeraamaan, niin kyllä minä sitten saan kiinni punaisen langan päästä, joka on johdattamassa ymmärryksen äärelle.

Olevaiset tarvitsevat kaiken tämän ahdistuksen joka heitä kohtaa. He ovat ikään kuin tilanneet tämän ahdistuksen itselleen valinnoillaan, ja se on heille hyväksi. Harva pitää sitä kuitenkaan mukavana.

IkiPöllöllä on ollut aitopaikka seurata olevaisten kehitystä aina ensimmäisten olevaisten materialisoitumisesta asti. On ollut tavallaan koomisenkin hauskaa seurata olevaisten matkantekoa tällä planeetalla. Tavallisimmin kenelläkään ei ole mitään hajua olemisen ja elämisen kokonaisuudesta. Olevaisten elämä on niin kuin yksilö olisi pöllähtänyt tähän elämään tämän ensimmäisen ja ainokaisen kerran.

Tämä on suorastaan hauska käsitys, jos näin sallitaan sanoa tavallaan vakavan oloisesta asiasta. Monet olettavat ja uskovat, että ei ole elämää ennen eikä jälkeen tämän olemassa olon.

Toiset taasen ovat rakentaneet esimerkiksi Raamatun teksteistä, tai muiden uskontojen julkaisuista, melkoisia juttua milloinkaan loppumattomasta olotilasta joko taivaassa tahi helvetissä.

Jokainen puhuu oman sisikuntansa mukaista tulkintaa, ja tietysti väittää sen olevan Raamatullista ja totta. Varsinkin ne olevaiset, jotka ovat saaneet oppia, ovat tietysti oikeassa.

IkiPöllö sanoo kylläkin, että kysymyksessä on vaan lisävarmistus, jotta lukkiutuneet asenteet saadaan tällä palosuojapeitteellä suojattua niin hyvin, ettei pääse tuulettumista tai muutosta tapahtumaan.

Raamattu on kylläkin Iskän kirjoituttama teos, mutta tulkinnat ovat vielä ensiaskelissa taapertavaa olevaisten keksintöä. No, tämä polku tulee kulkea, ja kyllä se siitä, sanoo IkiPöllö.

IkiPöllö tietää omistakin kokemuksista käsin kuinka syvällä on ne kasvun aikana syötetyt käsitykset siellä sielun pohjasedimenteissä. Kuinka monta pelon kerrosta on koko potin päällä, ja miten vaikea on kuoria niitä pois. Kun tähtitaivas alkaa näkyä hieman laajemmalti, niin siinä ne sipulinkuoretkin alkavat kuivaa ja tuulenvire henkäisee ne matkaansa. Jos joltakulta, kuten IkiPöllöltä, on kuorittu kaikki sipulijutut pois, niin siellä se kaunis minuus iloitsee nöyrtyneen voittajan lempeällä ilolla.

Siellä ydinminässä, hengessä, ovat kaikki ne säilyttämisen arvoiset mikrosirut, jotka ovat kehittyneet vuosituhansien saatossa. Käytämpähän tässä nyt vähän niin kuin hienoja sanoja, mikrosirut. Minusta se kertoo kyllä nykykielellä aivan mainiosti mistä on kysymys.

On joku mihin laittaa käsittämättömän pieneen tilaan jotakin suurta ja valtaisaa. Tämä onkin mainio silta katsella olevaisen suunnattoman suurta ja hyvin, hyvin pientä hengen rakennetta. Olevaisen hengessä on koko maailmankaikkeus koodattuna mikrosiruun, joka on siis olevaisen henki. Tämä henki on kloonattu pala Iskää, jonka meidän Pääpomo loi Raamatun kertomuksen mukaan.

Iskä Jumalan kuva. Kaikki mahdollinen on jo sisäisesti olevaisessa itsessään. Olevaiset eivät nääs pysty keksimään mitään, joka ei jo ole olemassa hänessä itsessään.

Iskän käytössä on jo nyt, ja ollut aina, kaikki mikä on mahdollista olevaisille. Paljon on olevaisilla vielä löytämättä. Hyvin paljon.

Tähän juttuun tulee kuin luontaisena jatkeena tärkeä kysymys. Ehkä kaikkeuden kysytyin kysymys. Miksi olemme täällä?

Tästäpä juontui mieleeni jännittävä näkökulma olevaisten matkanteosta ja sen tarkoituksesta tällä planeetalla. On nääs niin, sanoo IkiPöllö ikiolevainen, että olevainen ei muutu tämän palloelämän aikana tai sen johdosta. Ei ole tarkoituskaan muuttua. Kaikki viilistelevät visioilla omasta muuttumisestaan, ja ennen muuta tulemisesta paremmaksi olevaiseksi.

Siis kysymyksessä on tietysti perimmältään Iskälle kelpaamisesta, koska Hän oli tyrkännyt pois pesästä, jäi viilis ettei kelpaa Hänelle. Pitäisi muuttua kelpaavaksi.

Tässä kohdin ollaan olevaisten problematiikan ytimessä. Muuttuminen. Löytäminen. Muuttumisen tavoitteleminen on omaa yritystä täyttää elämän normi jonka edelliset ja nykyiset olevaiset ovat asetelleet. Ehkä itsekin. Tähän sisältyy usko ja luottamus, että sitten kelpaa myös Iskälle kun normit on suunnilleen kohdallaan.

Muuttumisen tavoittelu on oman maanpiirin aineksista rakentuneen sielun rakenteluyrityksiä.

Tämä on tähän elämä juttuun kuuluvan konfliktin tärkeää aineistoa.

Olevaisen sielua ei voi onnistuneesti rakentaa siitä itsestään käsin, tahi ulkoa käsin, vaan sisältä käsin.

Koska olevaisen sielu on minä minä narsistinen, ja ylemmyyteen pyrkivä, se ei hevin tunnusta itsensä ulkopuolella olevaa auktoriteettia, jota hänen pitäisi muka pokata.

On todella mielenkiintoinen haaste yrittää sanoittaa näitä elämisen vinkuroita.

Teen sen kuitenkin. Katsoppas Töllö, kun Pääpomo loi olevaiset, niin tämä luomus ei tietenkään ollut mikään lopullisesti valmis paketti. Kehitysjatkumossa tämä mikrosirun koodisto sisälsi tälle maavaiheelle tulevan tärkeän tehtävän.

Kun olevainen materialisoitui ensi kerran, ja nykyisin suvullisesti, niin Hengen ympärille rakentui sieluruumis, ja sen näkyväksi muodoksi liharuumis.

Liharuumis on siis sieluruumiin näkyvä kuva. Siis tiheämpi. Tämä sieluruumis on määrä maaelämän tuloksena kirkastaa sisältä käsin Iskän Hengen johdolla ja voimalla.

Koska sielu on ja kuuluu ollakin, narsistinen ja autonominen syntyessään ja siis alun perin, niin taistelu on usein melskeinen. Sielun on luovuttava itsestään, kuoltava, jotta henki saa sen valloittaa. Luomisessa olevaisen Henki sisälsi siis piirustukset jotka tuli kirkastaa sieluruumiissa, verifioida ja hengellistää tämän elämän taistelun tuloksena.

Olevaisen sielun elämä on kuin sielun hiukkasia, tai paremminkin kokkareita tiimalasissa. Ne osaset jotka jauhautuvat elämänmyllyssä riittävän pieniksi solahtavat kapeikosta alakertaan, joka onkin yläkerta. Eikö olekin hauska. Se on elämän lain paradoksaalisuutta. Alakerrasta tuleekin yläkerta. Ja päinvastoin. Usein olevaiset kauhistelevat tätä elämän taistelua. Sitähän se on.

Näin sen kuitenkin tulee ollakin. Jos ja kun olevainen alkaa elämään sisältä käsin, niin ihmettely ja kauhistelu päättyy. Sisäiset silmät avautuvat näkemään iankaikkisuuden ja pientenkin osasten tärkeän merkityksen.

Olevaisten riitaa ja pahuutta ympärillämme ei tarvitse enää ihmetellä. Oma pahuus on tullut tutuksi ja tunnustetuksi. Olemme kaikki samalla juoksuradalla. Avitetaan naapuria. Ei tönitä.

Kiitos Iskä kaikesta. Tämä kaikki oli ja on tarpeellista todellisen rakkauden jatkumoa, joka välillä sattuukin. Siis tekee kipeää.

Kuolleet sielun osaset ovatkin muuttuneet elämäksi. Iankaikkiseksi elämäksi. Joo joo Töllö. Kyllä huomasin virneesi. En minä yritä mitään tässä hurskastella, vaikka tuo viimeinen kaksi sanainen lause hieman siltä kuulostikin. En vaan osannut sitä muutoinkaan sanoa.

Vaikka se vaikutti kirkollisen hurskaalta, niin muistuttaisin, että Pääpomokin käytti sitä useita kertoja. Iankaikkinen siis tarkoittaa maan piiristä katsottuna, että olevainen on kääntänyt tämän elämän kuin villajumpperin nurinpäin, eli siis oikein päin, ja elää nyt sisältä käsin Iskän Hengen yhteydessä.

No jaa. Tämä riittäköön pieneksi alustuspuheenvuoroksi. Nyt voimmekin siirtyä siihen sinun Johannekseesi. Katselemme olemista ja sen ajan tapahtumia hänen kirjoituksistaan käsin. Päivitän ne osaset jotka ovat aikasidonaisia tähän päivään. Jos tätä ei tehdä, niin helposti jäädään tuon kertomuksen koukkuun, eikä nähdä sen merkitystä itselle ja nyt hetkeen.

Alussa oli Sana tekstiosion käsittelimekin jo tilanteeseen riittävällä tarkkuudella. Näin myös kohdan, mikään mikä on syntynyt, ei ole syntynyt ilman Häntä.

Sana tuli lihaksi

Hänessä oli elämä, ja elämä oli ihmisten valo.
Valo loistaa pimeydessä, pimeys ei ole saanut sitä valtaansa.
Sana-Poika-Kristus. Hänessä on kaikki. Katsoppas Töllö, tämähän on yksinkertaista.
Kun lamppu palaa, ja on pysyvässä yhteydessä virtalähteeseen, se vaan palaa. Pimeys on sitä, että virta katkaistaan lampun ja virran lähteen väliltä. Se on samantekevää missä lamppu on silloin kun yhteys on kunnossa, niin se vaan palaa.
Nyt tähän väliin IkiPöllö sanoo , ettei se jaksa aina luetella noita Raamatun kohtia ja jakeita missä mennään. Kunhan olet suunnilleen kartalla. Minä en tykkää sellaisesta tavaamisesta ja näpertelystä jossa tuijotetaan pilkunkohtia ja takerrutaan sitten niihin. Ikipöllö vetää hieman ronskimpia ja laveampia linjoja, joita eivät harhapolut pääse sotkemaan.
Iskän ja Pääpomon valo on sellaista, etti sitä voi mikään mahti maailmassa himmentää tai sammuttaa. Se on kuin aurinko taivaalla, joka paistaa riippumatta siitä onko pilviä maanpiirin yllä vai ei. Se paistaa joka tapauksessa. Kun pilvet ovat poissa, se lämmittää sitä enemän, mitä mustempi on kohde. Sellaista on Iskän rakkaus.
Mitä mustempi on olevaisen elämä, sitä enemmän Pääpomo hänelle rakkauttaan tahtoo antaa.
Tässä kohden melkein tulee IkiPöllölle tippa silmään, kun ajattelen olevaisten mietteitä Iskän rakkaudesta. Ne ovat tämän jutun funtsineet, sekä toi-

silleen opettavat, että jos et tämän elämän aikana ajattele, usko ja touhuile niin kuin he ajattelevat, niin siitä seuraa tuho. Iankaikkinen helvetti. Voi helvetti sentään, sanon minä IkiPöllö. Kyllä minä myönnän, ja oikeastaan tiedänkin, että tällä valheella on tietty tarkoitus ollut olemassa. Ei Iskä muutoin antaisi sen kaltaisen sössönsöö opetuksen kulkea olevaisten keskuudessa. Mutta kyllä täytyy rehellisesti sanoa, että kyllä IkiPöllöä kyrsii, kun tätä juttua miettii. Minä saan sanoa näin, koska asianlaita on näin.

Koska minä IkiPöllö en ole lainkaan Iskän ja Pääpomon veroinen asioiden ymmärtämisessä, niin en sitten ymmärrä. Mutta niin paljon olen ikiaikaisen kiertelyni ja kaarteluni aikana nähnyt, ja myös saanut ymmärtää, että Iskän rakkaus on semmoista, joka ei pääty milloinkaan, eikä koskaan minkään olevaisen kohdalla. Se on näin ja piste. Kyllä Iskä antaa ne karmeat Raamatun tulkinnatkin anteeksi. Tietysti antaa. Eihän Hän muutoin olisi rakastava Iskä.

Pieneksi lievennykseksi olevaisten edesottamuksiin ja tulkintoihin kerron, että hieman perää niissä helvettijutuissa toki on. Ei Hän kuitenkaan yhtäkään olevaista sinne jätä olemaan, puhumattakaan lopullisesta tuhoamisesta.

Nyt siis PääPomo oli astumassa olevaisten elämään. Tämä oli päätetty Iskän kanssa jo peruspalaverissa, ennen kuin koko rojektia oli vielä aloitettukaan.

Tämän toteutus ei ollut mikää pikkujuttu Ristukselle. Astua olevaisten olemiseen ainoana näkökykyisenä tähän hämärän maailmaan. Kuinka yksin Hän täällä olikaan. Kuin opettaja eläisi alakoulun ensimäisen luokan kanssa ilman kontaktia muihin aikuisiin. Ja enemmänkin oli tämä ero.

Pääpomo oli päättänyt astua olevaisten elämään samalla tavalla kuin muutkin, eli naisen kohdussa siitetyn munasolun kautta. Siittämisen hoiti kuitenkin Pyhä Henki. Tämä Pääpomon uskollinen ja nöyrä palvelija, ja joka paikan siivooja. Siittiösolun Hän otti Marian kihlatulta, Joosefilta, ja siirsi sen Marian munasoluun. Voi pyhä jysäys mitä juttuja tämänkin tiimoilta on keksitty.
Siitä se operaation Valoa Maailmaan konkreettinen toteutusvaihe alkoi.

Perussuunnitemassa oli, ja myös Raamatun lehdille präntätty, että Pääpomon uskollinen palvelija Elia, joka oli elänyt yhden olevaisen elämistään Pomon valitsemana rohveettana, astuisi maan kamaralle samoihin aikoihin. Oli myös sovittu, että hän alkaisi kastaa Jordanin vedellä olevaisia parannukseen Jeesusta odotellessaan.

No, Jeesus oli kasvanut mieheksi ja reitinmääritys sekä navigointiohjeet valon lähteelle oli aika laittaa jakoon.

Kenelläkään olevaisella ei ollut juurikaan mahdollisuuksia hokata Jeesuksen todellista identiteettiä. Mietipäs Töllö kun kohtaat jonkun olevaisen, niin eihän sinulla ole lainkaan mahdollisuuksia ymmärtä hänestä paljoakaan, ennen kuin olet häntä kuullut ja tutustunut häneen.
Näin myös Jeesuksen kohdalla. Hänellä oli normiolevaisen keho, ja ei hän ulkoisesti viestittänyt

mitään merkittävää. Tässä kehossa ollessaan, hän ei juurikaan olisi voinu enempää kuin muut olevaiset, jos Hän ei olisi saanut kaikkea Iskältä. Toki Hänessä itsessään oli kaikki tieto ja ymmärrys läsnä, muuta voiman kaiken sen toteuttamiseen Hän tarvitsi itsensä ulkopuolelta. Iskältä.

Aivan samoin se on kaikilla olevaisillakin. Hengen mikrosirussa voi olla vaikka mitä kässäreitä elämälle, mutta hedelmällinen toteutus vaatii yhteyden elämän lähteeseen, Iskään.

Kun tämä Johannes sanoo, että maailma ei ottanut Jeesusta vastaan, niin siinä on kirjoittajalla selkeesti dramatisointia matkassa. Ei maailman kuulunutkaan ottaa Jeesusta vastaan, eikä siihen ollut mitään mahdollisuuksiakaan, ennen kuin tämä joka paikan korkinavaaja, Pyhä Henki, napsautti korkin irti olevaisen Hengen pullosta. Kun korkki oli pois, Henki pääsi yhteyteen Iskän kanssa ja silmät avautuivat näkemään elämän moninaisen kauneuden ja Iskän loputtoman rakkauden.

Tämä Iskän maailmankaikkeus on sellainen rakkausapparaatti jota sopii olevaisen ihmetellä loputtomasti. Siihen nähden ovat karmaisevia ne olevaisten Raamatun tulkinnat, joissa Iskä hylkää tahi hävittää lapsensa. Mutta kuten sinä Töllö, psykologiaa lukeneena hyvin muistat, jokainen puhuu ja viestittää omaa sisikuntaansa. Sitä suu puhuu mitä sisällä sydämessä on. Näin sen kyllä tulee ollakin. Niinhän minäkin, vaikka olenkin IkiPöllö, viestitän tahi korostan juttuja jotka ovat minulle aiheuttaneet haavoittumisia.

Kuten olet huomannut, olen korostetusti puhunut siitä, että Iskä ei hylkää ketään eikä milloinkaan. Jos minulla ei olisi hylkäämishaavaa, en puhuisi näin. Mutta kun on, niin minun tuleekin puhua näin. Näin se on Töllö tämä asia. Se vaan on näin. Jokaisen tulee puhua siitä minkä kokee tärkeäksi, vaikka se toisten mielestä olisikin tyhmää. Se on tyhmää vain siksi, että kyseiset toiset eivät ole vielä oppineet ymmärtämään elämän moninaisia nyansseja, vai oliko se nyt narsisseja. Sitä en koskaan muista kumpiako.

Sitten tulee Johannekselta se huikea sanapari, Hän oli täynnä armoa ja totuutta.

Olevaiset olivat ja ovat hakeutuneet piilopaikkoihin, jossa kuvittelevat voivansa mellastaa kenenkään häiritsemättä ja häpeänsä paljastumatta. Kun Iskä silloin luomisen jälkeen pudotti luodut pesästä Lusiferin haltuun, syntyi häpeä valoisan taivaallisen olotilan menettämisen tähden.

Luodut kokivat olevansa syyllisiä tapahtuneeseen, ja näin syntyi syyllisyys ja häpeä. Kuten jo tiedämmekin, se ei ollut laisinkaan olevaisten syy millään tavalla, vaan kuului tärkeänä osana Iskän metodiin luomakunnan kehityskaarella.

Sisäinen pakomatka jatkui ja jatkuu edelleenkin. Ainoa mahdollisuus päästä tästä kodittomuuden tilasta on suostua totuuteen, kukin itsestään ja kohdallaan.

Pääpomo toi nyt mahdollisuuden kotiinpaluulle. Pyhän Hengen tuli päästä olevaisen sisikuntaan, ja näyttää totuus hänestä. Samaisessa totuuspaketissa on aina mukana hyväksyntä ja armo. Helpolta kulostaa, mutta olevaiselle mahdoton. Iskälle onneksi mahdollinen.

Johannes kastaja haluaa fiilistellä tällä huikealla tilanteella. Kristus keskellämme. Odotettu mutta silti uskomaton tosiasia. Fiilistelyyn kuuluu, että hän kertoo salamyhkäisesti, joukossanne seisoo Hän, jota ette tunne, ja niin edelleen.

Joskus kyllä IkiPöllöäkin ärsyttää, kun tulee fiilis, ettei asioista puhuta suoraan. Usein vedellään juttuja koukeroiden kautta sinne ja sitten tänne. Kerrotaan jotenkin kuin arvoituksia. Ärsyttää.

Kyllä IkiPöllö kuitenkin ymmärtää, että tietyt jutut pitää kertoa vertauksien kautta. Maallinen sanasto on nääs sillä lailla vajaata ilmaisu kamaa, että kaikki ei mene perille muutoin kuin mutkan kautta.

No se oli varmaankin sitä päivitystä vaativaa kulttuurisidonnaista läppää.

Vai mitä ajattelet Töllö? Oletko sinä suoran vai mutkan kannattaja?

Johannes Kastajan todistus

Johanneksen Iskältä saama tehtävä oli siis kuuluttaa Jeesus Maahan saapuneeksi, ja samalla kertoa kuka Hän on. Jumalan poika, kaiken luoja.

Merkiksi ja vakuudeksi Johannes sai sanan, kenen päälle näet Pyhän Hengen laskeutuvan kyyhkysen muodossa, Hän on Messias.

Katsokaa, Jumalan Karitsa, joka pois ottaa maailman synnin.

Töllöö. Mikä on synti? Jumalan Karitsa ottaa pois synnin. Näitä sanoja on hyvä makustella. Usein olevaiset kun ei oikein tiedä mitä se synti tarkoittaa, nappaavat jonkin asian elämästään, ja uskovat, tässä se minun syntini on. Synti pitää saada konkretisoiduksi. Lihaa luiden päälle, jotta sitä voidaan käsitellä. Luovun tästä paheestani. Taivas aukeaa. Halleluja.

Syntiä katsellaan usein myös kuin pilvenhattaroita jotka näkyvät siitä luolan katossa olevasta aukosta. Tuo tuossa on syntiä elämässäni. Tuon mustan pilven kun puhallan pois, niin hurskasta tulee.

No kun Messias Johanneksen mukaan ottaa pois maailman synnin pois, niin mitä Hän sitten ottaa pois? Töllö, sano nyt se ääneen. Sano nyt.

Kuulehan Töllö. IkiPöllö avaa sinulle nyt hieman tätä Messias juttua ja synnin stigmaa, kun sinä et suostunut pukahtamaan mitään.

Kerron nyt Töllö, sellaisen luurankomallin olevaisten maataipaleesta. Se on tarpeellista yksinkertaistaa hyvin hyvin yksinkertaiseksi, koska muutoin elämisen ja olemisen punainen lanka karkaa heti käsistä kun kohtaa olevaisten uskomukset.

Kun Ristus oli tihentänyt maan sen nykyiseen tiheyteen ja olomuotoon Hän saattoi ensimmäisen olevaisen materialisaatioon. Kuten muistat, olevaisten luominen ja syntiinlankeemukseksi kutsuttu tapahtuma oli siinä vaiheessa jo kaukana tapahtumahistoriassa.

Kun ensimmäiset olevaiset alkoivat kansoittaa maata, he olivat sellaisia sisko ja velikultia, joiden kohtaamista todella hämmästyisimme. Olevaisten kehitys on kestänyt monia monia elämiä, jotta nyt ollaan nykyisten olevaisten tilanteessa. Emme hevin tunnistaisi näistä ensimmäisistä olemisen habituksista itseämme.

Sitten tuli tarpeelliseksi maan kiertoradan muutostyöt, jotka johtivat vedenpaisumukseen ja päivien lukumäärän muutokseen. Se oli valtaisa myllerrys. Kostea trooppinen ilmasto valtavine kasvustoineen hautautui nykyisiksi öljyvarannoiksi. Meret syntyivät, kun ilmakehässä ollut kosteus satoi maahan. Olevaisten maalliset kehotkin tuhoutuvat suurimmaksi osaksi. Nooa juttu on Raamatun kertomus tästä episodista.

Olevainen kehittyi lukuisten syntymien ja elämien kautta pikkuhiljaa.

Maan asukeilla on eri puolilla planeetta erilaisia uskomuksia olemisen perusteista. En voi Töllö tässä yhteydessä kovinkaan paljon niitä tsiikailla, mutta muutamia vinksahduksia on pakko ottaa esille.

Kuulehan Töllö. Minä tahdon kertoa nyt sinulle hieman omia fiiliksiäni juuri nyt. Vaikka minä olen mikä olen, IkiPöllö, niin minulla on kuitenkin myötäelämisen tunteet, ja ne aiheuttavat usein, kuten tälläkin hetkellä, minulle rintakipua, kun samaistun väärän informaation kohteena oleviin olevaisiin. Ei ne valheet suinkaan ole varsinaisesti kenenkään syy, mutta siitä huolimatta kipu säteilee rinnan onkaloista, kun näitä juttuja fundeeraa. Kun mietin tätä tarkemmin ja suljen tunteet pois sotkemasta, niin hyvin ymmärrän, että Iskä tahtoo asioiden olevan juuri sillä tasolla, kuin ne nyt ovat. Ja minä

IkiPöllö puhun sinulle mitä kuuluukin. Ha haa. Olen siis tavallaan fatalisti. Eikö niin. No sitten olen. Iskä on myös fatalisti.

Oikeastaan käsittelen vain länsimaalaisesta näkökulmasta näitä uskomuksia, koska sinä Töllö olet aivan eurooppalainen Töllö. Paljasvarpainen eurooppalainen.

Olevaisilla on kaikki läpikäydyt elämät siellä sisällä tallennettuna hyvin tarkasti mikrosiruun. Se on olevaisen elämänkirja. Sinne piirtyvät ne muistiin ne tärkeät asiat jotka ovat linjassa Iskän päämäärien kanssa, ja jotka ovat jauhautuneet tiimalasin läpi kyseisen elämän aikana.

No sitten tultiin vihdoin tilanteeseen, että Iskä katsoi tämän temmellyksen riittävän. Oli muutoksen aika.

Veli Mooses oli Iskän, tai siis Ristuksen, käsikassara tässä tilanteessa. Hän kirjoitti lain taulut Mooseksen vietäväksi kansalle. Huikeaa dramatiikkaa on saatu kaikkien tapahtumien ympärille Vanhassa Testamentissa. Siinä kun puhutaan aina Iskästä, niin maarojektin johdossa on kuitenkin aina Ristus. Tämä on Hänen juttunsa. Käytän jatkossakin usein Iskä sanaa, vaikka todellisuudessa etunenän aktiivitoimija on Ristus. Käyttö johtuu siitä, että kun Raamattu puhuu Iskästä, niin se tuntuu sillai yhdenmukaisemmalta näin äkkiseltään.

No toisaalta. Olihan se hurjaa. Taivaan Iskä oli hakeutunut maan kansalaisten yhteyteen, ja välitti asioita rohveettojen kautta. No, kun laki oli tuotu israelilaisille, tilanne olikin tavallaan hankala.

Nyt he tiesivät että Iskä yleensä on olemassa, ja tässä on Hänen tahtonsa heidän suhteensa.

Laki toi siis käsityksen Iskän olemassa olosta, ja sen, että tällaisenaan en kelpaa. Minun on elettävä lain käskyjen mukaan. Käytännössä lakiin jäi juuri olevaisen kokoinen porsaanreikä silloisessa tilanteessa. Täytän lain kun toimin sen mukaan. Viis siitä mitä sydämessä piilee.

Olevainen on aivan uskomaton huijari, koska pystyy niin luonnikkaasti viilaamaan itseään linssiin, ja todella uskoo itse tähän juttuun. Hän selittää tekemänsä karmeudet Raamatulla. Halleluja.

Tämä täydellinen huijaus sisälsi silloin lain suhteen sen, että kun toimin ulkoisesti oikein, olen elänyt käskyjen mukaan, ja olen matkalla taivaaseen. He siis oikeasti itse uskoivat näin.

Olevaisella on tänäänkin syvällä ajatus tulla kelvolliseksi matkatakseen taivaaseen. Kuten niin monet asiat, tämäkin sisältää melkoisen paradoksin, vai oliko se parabellumin. En aina niin muista näitä hienoja sanoja. Minusta on kuitenkin hauska käyttää niitä vaikka menisi aivan pieleenkin. Se johtuu siitä, että uskon pieleen menemisen, jota ei minulle IkiPöllölle suinkaan juuri milloinkaan tapahdu, tuovan rentoa otetta elämiseen ja asioiden tsiikaamiseen.

Voihan IkiPöllön katkennut kynsi, kun nyt johtoajatus oli karata, kun tuossa niitä näitä lörpöttelin..

Tarkoitan siis, että olevaiset pyrkivät teoillaan tai pyhällä olemisellaan taivaaseen, ja se on kuitenkin mahdotonta.

Sitä vastoin taivas tulee heidän luoksensa ja sisikuntaansa, kun he luopuvat kipuamisesta taivaanportaita, ja kääntävät sielunsa kuin paidan nurinpäin, ja ottavat taivaan valtakunnan vastaan.

Iskä tietysti tiesi tulevan tilanteen jo etukäteen. Tämä kuului rosessin juoneen. Toki silloin varmasti oli sellaisiakin olevaisia jotka olivat sydämeltään lain mukaisia, mutta se oli vähemmistö.

Sydämen lainmukaisuuskaan ei tuo matkalippua taivaallisiin, koska siellä on kusubileet, joihin ainoastaan kutsun saaneet pääsevät oviMikon tarkastuksesta lävitse.

Kyllä Ikipöllöllä olisi kerrottavana monta mehukasta tarinaa noilta ajoilta, liittyen tähän farisealaisuuteen. Jätän niiden kertomisen kuitenkin harkintaan tässä vaiheessa.

Niin, se sydämen synnin stigma.

Jokaisella olevaisella on mikrosirussaan, siellä sydämen sopukoissa, syvä tietoisuus päivätajunnan takana ja alla kaikista eletyistä elämistä. Tietoisuus myös siitä, että en ole kotona. Kaipaus johonkin. Syvä piilossa oleva syyllisyyden tunto oli kehittynyt vastausta vaille jääneistä sydämen kipeistä kysymyksistä. Mitä. miksi, milloin, minkä tähden?

Olevaisen elämän peruskattaus oli elämä ilman sen selkeämpää tietoa elämästä tämän olon tuolla puolen. Vain aavistuksia ja hataria viestejä sydämen sopukoista. Kaipaus.

Sitten Iskä alkoi ilmaista itseään useasti ja eri tavoin. Viimein Mooseksen kautta välitetyt lain taulut olivat lopullinen varmistus kysymyksiin. Iskä on taivaassa. Tässä ovat Hänen vaatimuksensa.

Olevainen tajusi elävänsä erossa taivaallisista. Syntisyyden stigma alkoi valuttaa elämännestettä. Lain mukaan eläminen oli pätevä laastari vuotavaan haavaan. Sen ei kuitenkaan kuulunutkaan poistaa syntiä. Kaikki oli ja on syntiä ilman yhteyttä Iskään ja Pääpomoon, vaikka kuinka sydänkin eläisi lain mukaan.

Synti ei siis ole jollain lailla paha juttu tai teko, niin kuin usein se mielletään. Se on tila, jossa ollaan ei aktiivi yhteydessä Iskään. Synti on tila jossa ovet ovat kiinni taivaaseen päin. Synti ei ole jokin teko. Teko kylläkin usein ilmaisee, ettei yhteyttä ole. Mutta sitä ei voi naapuri kuitenkaan arvioida.

Kun sitten aika täyttyi, ja Pomo astui olevaisten rinnalle, niin Hän avasi taivaalliset hanat, joista saattoi janoiset juoda elämän vettä. Kun tietyn olevaisen kohdalla on aika täyttynyt, hänen sieluruumiinsa kirkastetaan elävällä vedellä, ja hänen ei tarvitse enää palata maan päälle.

Hänen toimenkuvansa on muuttunut. Pomo on sama, mutta tehtävä on toimia taivaallisista käsin.

Jokainen ajallaan. Ketään ei viime kädessä hyljätä eikä jätetä yksin.

Olevaisten farisealaisuus on tuottanut niin karseita ja julmia tulkintoja Raamatusta, että meinaa IkiPöllöäkin ihan karmaista ja oksettaa, vaikka paljon olen kaikkea nähnyt.

Voi että minä IkiPöllö koen nyt itseni todella hurskaaksi. Olen niin nasevasti kertonut juttuja, että sen täytyy päteä joka instanssissa, vai oliko se nyt instrumentissa. Suurinta varisealaisuutta on juuri mollata toisia, jotta oma ruunu kirkastuisi.

Yhden jutun sanon vielä ennen kuin astellaan takaisin Johanneksen evankeliumin linjoille.

Minulla on lupa yrittää opettaa tämä olevaisille. Se on seuraava: Olevaiset ovat tieteessään jo pitkään tienneet, että aine ei millään konstilla häviä olemasta. Sitä ei voida hävittää. Se ainoastaan muuttaa olomuotoaan.

Nyt se tulee. IkiPöllö tietää ja kertoo. Mitkään olevaisen silmille näkymättömien sielun ja hengen juttujen kanssa on aivan samoin. Mikään ei katoa. Ainoastaan muuttuu tilasta toiseen. Sama katoamattomuuden laki koskee aivan kaikkea maailmankaikkeudessa.

Eikö olekin jännää Töllö. Ihmeellistä se on tämä kaartelu. Niin myöskin kiertely.

Mutta nyt takaisin Jussiin.

Johannes Kastajan todistus
Jumalan Karitsa

Jeesuksen ensimmäiset opetuslapset

Johannes vakuutti ettei hän ole Messias, ja teki selväksi että hän kastaa vedellä parannukseen, mutta Messias kastaa Pyhällä Hengellä. Johannes ilmeisesti tietoisesti valehteli ja kielsi olevansa Elia. Tai sitten hän ei vaan ollut yhteydessä mikrosiruunsa, jossa koko henkilöhistoria oli kirjoitettuna. Jeesus kuitenkin kertoi kysyjille, että Elia on tullut.

Seuraavana päivänä Johannes eri tavoin todisti, että tämä mies, tämä Jeesus on Jumalan Poika.
Sitten Jeesus alkoi kerätä opetuslasten porukkaa. Sana levisi ja opetuslasten joukko kasvoi.
Olevaisten joukossakin elävänä Jeesuksella oli monet taivaalliset kyvyt koko aikaisesti hallussaan. Hän näki kaiken ihmisestä, hänen sisikunnastaankin.

Natanaelilla ja Jeesuksella oli syvällinen keskustelu. Pyhä Henki valaisi Natanaelin ymmärtämään Jeesuksen olemuksen. Jumalan Poika. Jeesus lupasi: te saatte nähdä taivaan avoinna ja enkelien kulkevan ylös ja alas siinä, missä Ihmisen Poika on.
Tämä on hyvin konkreettista touhua Töllö. Tarkoitan tätä henkimaailman ja olevaisten normaali aistien havaittavan maailman välistä liikennettä. Yhtä todellista se on tänäänkin, vaikka sen havaitseminen ei onnistu sielullisesta vaatimuksesta, vaan ainoastaan armollisesta yhteydestä.

Kaanan häät

Sitten Jeesus Kaanan häissä täräytti äidilleen Marialle: Anna minun olla nainen. Siinäpä oiva esimerkki miehille äidin helmoista irrottautumiseksi. Tai paremminkin merkiksi kuinka toimitaan kun on jo irrottauduttu. Kuten monista kertomuksista huomaamme, niin Jeesuksen turvarakenteet eivät olleet missään riippuvuudessa toisiin olevaisiin. Näin Hän toimi aina tehtävänsä mukaisesti välittämättä seurauksista. Nyt Hän muutti veden viiniksi. Tämä oli ensimmäinen julkinen merkki Hänen korkeasta taivaallisesta alkuperästään. Hyvää viiniä tulikin.

Jeesus puhdistaa pyhäkön

Sitten Jussi kertoo seuraavaksi kun Jeesus hieman hermostui temppelissä. No vähemmästäkin.
Temppeli oli tarkoitettu Iskän kohtaamiseen eikä kaupantekoon.
Sitten on Raamattuun syystä tahi toisesta lipsahtanut virheellinen selitys. Kun Jeesus sanoi, että hajottakaa maahan tämä temppeli, niin minä se kolmessa päivässä kokoan. Kirjoittaja selittää Hänen tarkoittaneen ruumiinsa temppeliä, joka nousi kolmantena päivänä. Kyllä IkiPöllö sanoo, että Jeesus tarkoitti oikeasti temppelirakennusta. Ehkä kirjoittaja Johannes ei itse uskonut sen olevan mahdollista, ja sen tähden keksi kirjoittaa se kuolleista nousemisjutun siihen selitykseksi. Ei ole iso juttu maan ja kaiken luojalle kolmessa päivässä kasata yhtä temppeliä, oli se kuinka hieno ja monimutkainen hyvänsä.

Jeesus ja Nikodeemus

Sitten Nikodeemus fariseus oli syttynyt Jeesukselle ja tuli yöllä Hänen luokseen.
Jeesus sanoi hänelle, että jos olevainen ei synny uudesti ylhäältä, niin hän ei pääse näkemään Jumalan valtakuntaa. Nikodeemus tätä kovasti ihmetteli. miten voi syntyä uudelleen.

Jeesus ei näe tarkoituksenmukaiseksi mitenkään teknisesti selittää uudestisyntymistä. Hän puhuu vertauksien kautta, kuten muuallakin Raamatussa. Tuuli puhaltaa missä tahtoo. Tuulen perusviesti on, että kukaan ei voi ottaa uudestisyntymistä. Se on Iskän lahja. Jeesusta tuntien tämä tapa kertoa asiaa oli varmasti oikea siinä kontekstissa. Usko Jeesukseen on siis myös lahja. Tämä lahja antaa olevaiselle näön ja ymmärryksen tämän ajan tuolle puolen.

Jeesus kertoo Mooseksen aikaisen kertomuksen, kun myrkkykäärmeet purivat israelilaisia, niin Iskä käski tehdä vaskikäärmeen ja nostaa se kepin päähän. Kehotus kuului katsoa siihen jos käärme puri. Silloin myrkky ei tappanut. Tämä katsominen tuotuna Jeesus aikaan ja vaikkapa tähän aikaan, tarkoittaa, että kuka katsoo ja näin turvautuu Jeesukseen, pelastuu, eikä kuole milloinkaan.

Muistatko Töllö kuinka vähän aikaa siitä on kun olevaisille julistettiin Sanaa latinaksi, vaikka kuulijat eivät sitä ymmärtäneet. Edelleen on peitettynä olevaisten hengellisen sokeuden tähden olemisen kokonaiskuva. IkiPöllöltä melkein kyynel puristuu poskelle kun tätä pohdiskelee.

IkiPöllö pitää länsimaista kristillistä opetusta suorastaan Jumalan pilkkana. Toki siellä on paljon paljon hyvää ja rakentavaa, mutta kun perustukset ovat valheelliset ja suorastaan naivin typerät, pidän sitä pilkan tekemisenä Pääpomon duunaamista rakenteista.

Kirkot ja muut lafkat yrittävät pitää Sanan selityksen omissa pihdeissään pelottelemalla, että ei saa mennä tätä ja tätä edemmäs, muutoin susihukka nappasee helvetin kitaan sellaiset ylpeilijät.

Iskän ja Pääpomon luomakunnan ei ole tarkoitus kokonaan ymmärtää olemisen hengellistä rakennetta niin, että sitä voisi jotenkin peukaloida. Olevainen ei voi ymmärtää Henkeä.

Ei ole pelkoa, että olevaiset pääsisivät selville jostain sellaisesta, joka on heille kiellettyä. Se ei ole lainkaan mahdollista. Iskä asettaa rajat oikealle paikalle. Hengen tasolla ymmärretään kylläkin Hengen toimintaan liittyvät asiat, mutta itse Hengen olemusta, mitä se on, sitä ei saata olevaiset milloinkaan ymmärtää. Näin tämän asian ymmärtää IkiPöllö, joka on kierrellyt ja kaarrellut kaikkeudessa lähes alusta asti. Siis lähes alusta.

Pari jaetta taaksepäin. Kukaan ei ole noussut taivaaseen, paitsi hän, joka on taivaasta tänne tullut, Ihmisen poika. Tässä on vastausta moneen kysymykseen.

Jussin kirjoituksesta käy hyvin selville uudestisyntymän olleen vieras ajatus juutalaisten uskon ja opetuksen sisällöissä. Nikodeemus tuskin oli kuullutkaan sellaisesta, selviää dialogista.

Jeesus lihallisen elämänsäkin aikana oli hyvin tietoinen elämän rakenteesta ja historiasta olevaisen kannalta. Tietysti kaiken muunkin, muuta meitä nyt kiinnostaa lähinnä olevaisten taipaleen tienviitat. Kukaan ei ole noussut taivaaseen paitsi Hän. Ennen kuin Jeesus puhkaisi oikean ajan tullen väylän maasta taivaaseen, ei kukaan ollut mennyt taivaaseen. Olevaisten elämän kierto oli jatkunut hyvin kauan. Syntymä, elämä ja ruumiin luovutus kiertoon. Ja taas uudelleen. Paljon paljon kehitystä tapahtui koko ajan.

Tämä on todella hauskaa tämä olevaisten nyt ja heti suhde elämään. Kun on viimein tajuttu, siis muutama tuhat vuotta, että mehän olemme todellakin ihan oikeasti olemassa, oma eksistenssi on alkanut löytyä, niin heti yritetään ratkaista koko elämisen ja olemassaolon problematiikka omilla karmeilla keksinnöillä.

Tämä yhden elämän konsepti on todella surkea väännös olevaisen tiestä. Synnytään kerran tälle planeetalle, ja jos osataan elää mieliksi hengellisille johtajille, päästään taivaaseen. Jos tämä elämä sovi tähän kaavaan, niin loppumattomaan helvettiin sitten.

Suo anteeksi Töllö, mutta vaikka asia on sillä tavalla vakava, niin olen riittävän kauan tätä juttua töötännyt, että minun on lupa myös nauraa. Tööt tööt.

Se on Iskän koulutusmenetelmissä erikoinen tuo olevaisten rikkinäisyyteen ja narsistisiin ominaisuuksiin perustuva riippuvuus toisten olevaisten hyväksynnästä. Se invalidisoi hyvin tehokkaasti riippumattoman olemisen ja ajattelun. Tämän kahleen voima on tehokkuudessaan hämmästyttävä. Mutta mutta. Kyllä kyllä Töllö. Tiedän ja ymmärrän, että tähän sisältyy suuri viisaus. Tämä sisäinen salainen konflikti, joka tästä rakentuu, on huikea moottori elämisessä.

Se ei ole sattuman tuotetta, niin kuin ei mikään muukaan. Kaikenlaisen kehityksen mahdollistaa ainoastaan konflikti, kipu ja kuolema.

Saa kierrellä ja kaarrella siellä ja täällä, monta kerrosta taivaasta maahan ja maasta taivaisiin, ennen kuin hoksaa miksi on niin vaikea ottaa vastaan ansaitsematonta rakkautta. Puhumattakaan Iskän loputtomasta huolenpidosta. Olevainen on ratkaisukiihkoyrityksessään valmis heittämään tottelemattomat helvetin kuiluun.

Töllö, minä sanon sinulle nyt hyvinkin vakavasti seuraavan asian, ja toivon sinun painavan sen sydämesi kammioihin niin, että voit sen juostessakin, tai lentäessäsikin, lukea ja muistaa.

Ei Iskä eikä Pääpomo, eikä tietenkään Pyhä Henkikään, milloinkaan hylkää ketään, eikä hukkaa ainoatakaan olevaista. He rakastavat ilman ehtoja jokaista elävää.

Jos ja kun tulee sattumuksia ja tapahtumia jotka usein vaikuttavat hyvinkin rakkaudettomilta, olevaiset ovat ajaneet itse itsensä niihin miinoihin.

Jokainen meistä ymmärtää oman elämänsä kautta, että usein oppi ei mene perille ennen kuin pää kolisee muuriin. Olevaisen tärkein tehtävä on oppia ottamaan vastaan ansiotonta rakkautta sydämeensä. Tämän rakkauden mukana virtaa kaikki tärkeä ymmärrys Iskän lahjana kotimatkalaiselle. Hengelliset silmät saavat nähdä kukkulat ja purot, jotka virtaavat taivaallisen ja maallisen välillä. Maailmankaikkeus on Iskän valtaisa rakkausapparaatti. Näin se vaan on, ja siisti onkin.

Johannes Kastaja ja Kristus

Nyt takaisin Johannekseen. Valkeus oli tullut maailmaan. Jokainen joka tahtoi elää todesti ja astua valokeilaan, hänelle Iskä antoi oikeuden ja voiman tulla takaisin Iskän on line facebook kaveriksi.

Hän sai syntyä näkemään tämän elämän yli ali ja eteenpäin. Yhteyteen kuninkaan kanssa.

Olevainen ei voi ottaa mitään, ellei hänelle anneta taivaasta. Vaikka olevainen elää ilman facebook kaveruutta Iskän kanssa, niin kaikki tulee joka tapauksessa taivaasta. Ilman tätä face to face yhteyttä olevainen on maanpiirin vanki, vaikka ei sitä itse ymmärrä.

Johannes todistaa taivaasta tulevan Herran olevan yli kaiken. Joka on syntyisin maasta, niin hän puhuu sitä mikä maasta on. Hän joka on tullut taivaasta, puhuu taivaallisia.

Johannes sanoo olevaisten olevan maasta. Se on oikein ja totta. Olevaiset ovat tietysti lähtöisin taivaasta, mutta tämän heille kuuluvan elämän prosessin kautta ovat tulleet maa vaiheeseen, ja ovat nyt taivaallisiin nähden siis maasta, ja puhuvat sitä mikä maasta on.

Poika, Pääpomo puhuu maallisessa liharuumiissa ollessaankin sanomaa mikä on taivaasta.

Jeesus ja samarialainen nainen

Sitten Jussi kirjoittaa 'kun samarialainen nainen tulee Jaakobin lähteelle.

Kaikki kulttuurin rajat rikkovaa oli Jeesuksen toiminta Syykarinkin kaivolla. Hän tarinoi samarialaisen naisen kanssa, vaikka oli juutalainen. Ennen näkemätöntä.

Jeesus toi viestin taivaallisista maallisiin kulttuureihin. Kaikki ovat samanarvoisia.

Pomo toi tämän viestin, ja antaa myös rakkauden, jossa saman arvoisuus toteutuu. Ilman yhteyttä taivaallisiin samanarvoisuus jää parhaimmassakin tapauksessa korupuheeksi. Tiukan paikan tullen se haihtuu maallisiin tuuliin.

Kun minä IkiPöllö olen kierrellyt ja kaarrellut näitä maita ja kaupunkeja aikojen alusta asti, olen surukseni huomannut, että hitaasti menee sydämiin tämä viesti. Mutta mutta. Viesti on lähetetty eikä se tyhjänä palaa. Hitaasti kuitenkin kypsyy olevaisen sydän vastaan ottamaan viestejä, jotka ovat muuttamassa kulttuurin syvää rakennetta, ja varsinkin kun se sotii pyhää narsismia vastaan.

Itsensä ylentäminen on sellainen perusvire olevaisen mentaalissa.

Sielullinen ja hengellinen kehitys niin kulttuurissa kuin yksilössäkin, on hidasta etenemistä kohden maalia. Kaikki kamppailut olevaisessa itsessään ovat rakentumista kohden luopumista omasta elämästä Jeesuksen mallin mukaan. Pomon seuraajille usein miten riittää sielun ja hengen luovuttaminen. Ruumis saa jäädä sykkimään sille määrätyksi ajaksi.

Tuli mieleen tuossa juuri, kun aiemmin puhuin siitä, kun olevainen on kekannut eksistenssinsä ja oman identiteettinsä alkuaineita, olen olemassa, niin piti heti yrittää löytää pikainen ratkaisu tämän löydetyn olemassaolon perimmäisiin kysymyksiin. Kirjoitusten tulkinnat alkoivat piirtää melko karmeita kuvioita olevaisen tulevista kohtalomalleista. Jokin käsitys oli lukittava, ettei elämä ole epäselvää ajelehtimista sumuisella virralla.

Näinä aikoina on foorumilla taas erilainen pikainen ratkaisumalli. Kuunnellaan pää kenossa tähtitieteilijöitä, jotka ovat hiipineet salaa pois omalta alueeltaan ratkaisemaan eksistenssin probleemaa. Hurmoksessa kuunnellaan kaiken mittaamatonta suuruutta. Täydellä vakuudella tieteilijä kertoo löytöjään ainakin lähes lopullisena maailman selitysmallina.

Huh huijaa Töllö.

Kyllä elämä ei ole tylsää. Taas yksi mielenkiintoinen super harhautus meneillään. Suurin syy on varmaankin olevaisen kärsimättömyydessä. Perimmältään kysymys on tietysti siitä, ettei ole löydetty yhteyttä omaan itseen ja taivaallisiin. Löytyy korvike, joka hetkeksi hurmaa uutuudellaan. Katsokaa olen löytänyt tämän novan. Nyt on löytynyt puuttuva pallukka. Tämä on ihmisen kohtalo. Oleva elämä ja sillä siisti.

Tämä tietysti palvelee kuitenkin Iskän tarkoituksia, vaikka tämän hetken tulkinnat ovatkin pimeydestä. Joka maasta on, puhuu siitä mikä materiaa on. Olevaisen löytöretket ovat tietysti myös totta. Kolumbus löysi aikanaan Amerikan, ja nykyisin löydetään maailmoja tähtisumujen tuolla puolen. IkiPöllökin iloitsee Iskän kanssa näistä löydöistä ja kehityksen kulusta. Näin pitää matkan edetäkin.

Jeesus puhui elävästä vedestä samarialaiselle naiselle. Hänen huikeat runoilijan lahjansa jotka muovasivat taivaallisen totuuden kauniiseen vertauskuvalliseen muotoon, saivat kuulijan sydämen avautumaan sanomalle. Lisäksi Hänen vankkumaton, totuudellinen ja rakkaudellinen nöyryytensä tekee kuulijaan valtaisan vaikutuksen. Hän antoi Iskän lapsen arvon jokaiselle, kohtaamalla hänet arvostaen syvällä tasolla.

Siitä vedestä, jonka minä annan, tulee elävän veden lähde, joka kumpuaa ikuisen elämän vettä. Runous, armo ja totuus. Vertaansa vailla oleva yhdistelmä. Luoja luotunsa vierellä. Saman liharuumiin kipuilujen alaisuudessa. Messias noutamassa veljiään ja siskojaan kotiin Iskän luo. Aivan tässä alkaa IkiPöllökin herkistelemään omien kuvaelmiensa kuoriessa arkisempia mietteitä pois sydämen aatoksista.

Jeesus avaa rukouksen mahdollisuuksia ja maailmaa. Olevainen voi oikeasti kohdata Iskän henkensä kautta. Sielurukoukset tuskin Iskää haittaavat, mutta todellista yhteyttä, jossa kanava on avoinna molempiin suuntiin, syntyy vain kun henget kohtaavat. Tässä tilanteessa olevaisen narsistinen minä rakennelma on laitettu väliaikaisesti sivuun. Sanon narsistinen näin ihan reippaasti, koska jokainen olevainen on narsistinen. Toinen vähemmän, toinen enemmän. Sitten on lisäksi viimeiseen nurkkaan ahdistettu minuus, joka on säilyäkseen elossa, ottanut suojakseen narsismin. Tämä on eristävä ja sairaaksi kuvaillun narsistinen. Olevainen ei tässä todellisuudessa ole yhteydessä itseensä eikä lähimmäisiin, vaikka ei sitä itse tiedostakaan.

Ollakseen Iskän käytössä olevaisen on Sanankin mukaan rukoiltava Hengessä ja totuudessa.

Samarialaiselle naiselle Jeesus sanoi nyt suoraan, tässä minä olen, Messias, minä joka puhun sinun kanssasi.

Onnellinen se olevainen, joka voi sanoa kuten Jeesus sanoi ruokansa olevan Isän tahdon tekeminen. Suurin onni olevaiselle on siis löytää oma elämänsä ja sen myötä se tämän maaelämän tarkoitus ja tehtäväkuvaus, jonka iskä on reppuun pistänyt tänne lähettäessään.

Oman elämän löytäminen on samanaikaisesti yhteisen viestintäkanavan löytämistä Iskän kanssa.

Vainio on jo vaalennut ja vilja on kypsä korjattavaksi. Jeesus näki kuin kaiken lävitse, ja tulkitsi näkemänsä sydämen laadun viisaudellaan.

Jeesus majoittui halvempiarvoisena pidettyjen samarialaisten luona. Näin todellinen Kuningas.

Olet Töllö varmaan hokannut jo aiemminkin kuinka käänteiset ovat arvot, näkökulmat ja asenteet taivaallisten ja maallisten välillä. Tämä ei ole sattumaa. Vasta-arvot ja konfliktit ovat polttoainetta rekennustyömaalla. Maa syöttää miinus merkin energiaa ja taivaalliset plussaa.

Siinä sitten rätisee välissä. Vastakkaiset arvot alkavat salamoida napojen ollessa vielä etäällä toisistaan, kun konfliktin ainekset ovat saaneet muhia energiaa ytimeensä. Rätinässä aina heikomman volyymin omaavan osapuolen energia palaa käppyräksi ja näin muuttaa olomuotoaan.
Mikään ei koskaan häviä minnekään.
Näin se vaan on tämä maailman rakennustyömaa. Voitko sitä ymmärtää Töllö? Ihmeellistä tämä kaikki Iskältä vuotava viisaus on.

Olevaisen narsistiseen kulttuurikalkkeutumaan kuuluu, ettei mitään arvokasta, joka tulee liian läheltä oikein noteerata. Ei Galileasta voi tulla mitään arvokasta, eikä suinkaan profeettaa.
Tämä asenne kuuluu näkökulma-arsenaaliin silloin kun ei ole löydetty omaa minuutta, eikä yhteyttä Iskään.

Sitten Johannes kirjoittaa kun Jeesus hieman ärtyisän oloisesti sanoi heidän epäuskonsa pysyvän jos he eivät näe tunnustekoja. Toki Hän tiesi etukäteen ettei uskoa synny jos sitä ei anneta heille.
Tällainen pikku provosointi kuului asiaan tässä tilanteessa.

Jeesus parantaa kuninkaan virkamiehen pojan

Toisena tunnustekonaan Jeesus etäparansi kuninkaan virkamiehen pojan.
Olevaisten ja IkiPöllönkin on usein vaikea pysyä ymmärryksessä näissä jutuissa, kun emme saata nähdä kaikkeuden läpi näiden juttujen tapahtuma-

ketjuja. Taivaallisella kanavalla kaikki on avointa ja nähtävissä taivaallisen olemuksen silmillä.

Jeesus sanoillaan, mene kotiisi, poikasi elää, antoi pojan isälle uskon samanaikaisesti. Hän lähti, ja parantuminen oli tapahtunut juuri samanaikaisesti. Usko näkee näkymättömän. Ei sillä tavalla kuin taivaalliset näkevät, vaan niin kuin Abraham. Usko näkee tilanteeseen riittävästi, vaikka ei osaa sitä sen enempää sanoittaa mitä se on.

Niin että sillä lailla, sanoo IkiPöllö, joka on asetettu kiertelemään ja kaartelemaan tätä maailmankaikkeutta ristiin ja rastiin aina olemisen alusta alkaen. Iskä on nähnyt viisaudeksi olla antamatta IkiPöllölle sitä taivaallista näkökykyä, joka näkee kaiken lävitse. Hän on antanut näkökykyä ja ymmärrystä juuri oikean annoksen IkiPöllölle hänen tehtäväänsä varten.

Tämä on hauska tämä Iskän maailmankaikkeus. Esimerkiksi IkiPöllön kohdalla raportointi tapahtuu online, siis jatkuva yhteys. Hauska kysymysmerkki tässä on, että miksi jotakin tällaisia tehtävä ja viestijuttuja on lainkaan, koska Iskä tietää kaiken aina. Jos yrittää tähän nyt jotakin sanoa, niin olevaisten kehitysketjuista tässä on kysymys. Tietysti myös IkiPöllön.

Kierrellessään ja kaarrellessaan tätä maailmankaikkeutta ristiin ja rastiin, pitkin ja poikin, aina kaiken alku metreiltä alkaen, IkiPöllö on havainnoinut pelon suuren ja kehitystä rajaavan vaikutuksen. Kun olevainen pelkää, hän ei uskalla löytää omaa identiteettiään. Hän ei uskalla olla olemassa omana itsenään, joksi hänet on luotu. Tai vielä tärkeämpää, hän ei uskalla tuoda julki sen tehtävän hedelmää, jonka tähden hän elää juuri tässä ja nyt.

Jeesus parantaa miehen Betesdan lammikolla

Sitten tulee Jussin tekstissä tämä Betesdan lammikon juttu. Sinne olivat kokoontuneet eri tavalla sairaat olevaiset. Varmaankin sosiaalisista syistä. Ei ole hyvä ihmisen olla yksin.
Mutta myös parantumisen toivossa. He uskoivat enkelin kuohuttavan vettä silloin tällöin.
Kuka ensin ehtii kastautua veteen paranee vaivoistaan. Taivaalliset toimijat käyttävät toimissaan usein hyvinkin tavallisia ja joka päiväisiä tapahtumia uskon kautta viestittäessään rakkaudellisesta olemassa olostaan.
Tässä Betesdan lammikon jutussa on tärkeintä hokata ja tallentaa oikeassa tiedostomuodossa kokonaiskuva silloisessa kontekstissa. Sama tosin pätee tämänkin päivän tapahtumiin.
Ystäväni Töllö. Katsopas nyt kaiken rakkauden huikeaa lähdettä, Iskää silmiin.
Hän rakastaa jokaista Betesdalaista ja tämän päivän hyljeksittyä olevaista kaikenkattavalla rakkaudellaan. Hän tietää pilkulleen jokaisen elämän tilanteen. Menneet elämät. Tämän elämän.
Myös sen mikä on olevaiselle parasta juuri nyt. Se ei monestikaan ole yhtäläinen olevaisen toiveiden kanssa. Usein ajatus kulkee, että kukaan ei välitä minusta, kun minulle näin kurjasti tapahtuu.
Hän tietää jo edeltä tarvitseeko tämä olevainen vielä yhden ruumiin kuoleman ja syntymän ennen

uudestisyntymistä ylhäältä, ja siirtymistä taivaallisiin joukkoihin.

Katso ystäväni Töllö Betesdan olevaisia, ja anna Iskän laskea sydämeesi se ymmärrys, miksi voi täyden rakkauden ajatuksin ymmärtää, että Iskän rakkauden teot ovat viisaat ja loppumattoman kärsivälliset. Iskä on jokaisen olevaisen puolella. Kaiken Hän tekee olevaisen parhaaksi. Hän on jokaisen puolella. Aina.

Tämä on olevaiselle mahdotonta ymmärtää, mutta Iskän avittamana sekin on mahdollista.

Hänelle kaikki on mahdollista.

Kun juutalaiset saivat tietää Jeesuksen parantaneen sairaan miehen, he saivat lisää syytä vainota Jeesusta. He olivat lain ulkoisessa noudattamisessa ja ulkokultaisessa hurskaudessa päässeet hyvin pitkälle, ja tuomiot lankesivat armottomina lain rikkojille.

Ennen kuin Pomo paransi olevaisen, hän kysyi tahtooko hän tulla terveeksi.

Maaelämän yksi suurista tavoitteista on saada elämä kulkemaan olevaisen oman sydämen ja tahdon kautta, niin että yksilön autonomia kulkee sillä tasolla, että hän tekee oman tahdon mukaisia omia päätöksiä ja valintoja.

Kulttuuriset perinnäissäännöt ovat hyllytetty niille kuuluvaan arvoon ja asemaan. Kun on matkallaan tutustunut Iskään ja Hänen tahtoonsa olevaisen suhteen, on helppo tehdä valintoja jotka ovat linjassa taivaallisen viisauden kanssa, koska se on aina hyvä.

Jumalan Pojan valta

Seuraavassa luvussa Jussi kirjoittaa Jeesuksen puheesta juutalaisille, jossa Hän kuvailee valtuuksiaan olevaisten ja maailman keskellä. Hänellä on kaikki samat valtuudet kuin Iskälläkin. He ovat yhtä. Pomo on saanut tuomiovallankin Iskältä.
Joka silloin kuuli Jeesuksen äänen, sai armon ottaa vastaan uudestisyntymisen, ja sai näin osakseen taivaallisen elämän. Siirtymisen taivaallisten sotureiden puolelle. Tilanne oli todella historiallinen ja merkittävä. Lajissaan ensimmäisistä ensimmäinen. Mestari oli tullut omiensa joukkoon. Ennen tätä hetkeä oli elänyt jo joukko olevaisia, joiden sydän ei ollut maan "aarteiden" täyttämä, vaan oli avoinna taivaallisille. He saivat myös kuulla Jeesuksen äänen, ja elää. He eivät siis olleet juuri nyt maallisessa ruumiissa. Heidän sydämensä olivat kuitenkin avoinna Jeesus kanavalle siellä missä olivat, ja näin siirtyivät alokkaaksi taivaallisiin sotureihin. Tämä oli suurin milloinkaan tapahtunut taitekohta olevaisten paluumatkalla kotiin. Iskän luo.

Jumalan Pojan todistukset

Sitten Jeesus kuvaili valtuuksiaan olevaisten keskellä. Poika ei voi itsestään tehdä mitään. Kaikki on Iskästä. Lihassa ollessaan tämä oli konkreettisemmin Hänelle totta kuin ennen syntymistään olevaisten joukkoon. Tämä kuvaus oli merkittävä aihetodiste siihen näkökulmaan, että kukaan lihallinen ei itsestään voi tehdä mitään. Kaikki tulee Iskältä.

Sitten nuo IkiPöllön mielestä tärkeät sanat. En minä ole olevaisten kiitoksen tarpeessa. Minä tunnen teidät. Teissä ei ole rakkautta. Te kärkytte kunniaa toisiltanne, ettekä etsi sitä kunniaa joka tulee Iskältä.

Jos tuntee Iskän, niin ei tarvitse kunniaa toisilta olevaisilta, vaan voi sitä vastoin antaa arvostusta lähimmäisilleen. Saa olla Iskän käsikassarana antamassa olevaiselle arvoa Iskän kuvana. Sitä Iskä tahtoo viestittää luoduilleen.

Jeesus ruokkii

Tällä tunnusteollaan Jeesus antoi verrattoman esikuvan työstä joka tehdään Iskän kunniaksi.

Rukouksessa kiitoksella. Iskä siunaa ja monistaa tehdyn työn haluamaansa laajuuteen.

Pikkupojan eväät riittivät suurelle joukolle. Näin kaikessa evankeliumityössä Iskä siunaa hyvän tahdon ja rakkauden työn haluamaansa laajuuteen.

Katsotaanpa ystäväni Töllö tätä tapahtumaa kansanomaisilla silmälaseilla ilman mitään fiksuja ja oppineita akateemisia koukeroita.

Iskä tahtoi tuoda silloin ja myös tänä päivänä olevaisten ymmärryksen ulottuville maailmankaikkeuden valtavuuden ja oman kaikkivaltiaan Iskän isännyytensä.

Hän on alku ja kaikki on Hänen. Aamen. Samaan tajuntapakettiin Hän tahtoo nitoa taivaallisen, siis hengellisen, ymmärryksen avaamisen olevaisille. Se on lahjaa. Armolahjaa. Kaikki on jo valmiina olevaisessa, hänen hengessään. Kysymys on aina löytämisestä. Tien avaamisesta olevaisen syvyyteen. Iskä asuu olevaisen Hengessä. Pala Iskää on jokaisessa luodussa. Tie omaan syvyyteen on usein vaivalloinen. Näin tulee ollakin. Koko tämä löytöretki on lahjaa ylhäältä. Tie on usein olevaiselle kivulloinen ja mutkikas.

IkiPöllö on nähnyt monenmoisia polkuja kaartelunsa aikana. Jokainen niistä on kuitenkin ollut viisaan Iskän johdattama, eikä Iskä milloinkaan rankaise tahi järjestä polkua vaikeammaksi ja kivualiaammaksi kuin on välttämätöntä. Tämän oivaltaminen ja hyväksyminen on valtaisa voittovoima taipaleella. Kyynelvirran avaama puro johtaa hengen syvyyteen ja rauhaan. Matkan edetessä turhat matkatavarat putoilevat polun viereen, ja ilo sekä kiitos alkaa täyttämään olevaisen sydämen kamareita. On löytynyt ennen tuntemattomia sydämen huoneita ja elämän ulottuvuuksia.

Vain yhteys taivaallisiin tuo vapauden maan, kulttuureiden ja perinnäissääntöjen vankeudesta. Kaikki muut yrityksen päästä vapauteen johtavat kietoutumiseen yhä tiukemmin tähän hämähäkin seittiin

Veden päällä

Pääpomoa ei rajoita mitkään olevaisten tuntemat luonnonlait. Hän käveli vedenpäällä ja kulki huoneisiin ovia avaamatta.

Uskon kautta kaikki Jeesuksen ja Iskän teot ja ominaisuudet ovat myös olevaisten ominaisuuksia. Kun olevainen on löytänyt polun syvyyteensä Iskän armosta, niin he ovat tulleet yhdeksi hengeksi. Kaikki on silloin mahdollista myös olevaiselle, niin kuin Pääpomo sanoo puheissaan.

Veden päällä kävely kuului siihen Jeesuksen tunnustekoketjuun, jolla Hän juurrutti uutta näkökulmaa olevaisen maailmakäsitykseen. Olemme tänne tulleet ja täältä lähdemme. Tämä oleminen on tärkeä osa olemisen kokonaispolkua matkalla kotiin. Jeesus kanavalla uskossa sen voi nähdä ikään kuin näkymättömän.

Usko on olevaiselle usein kuin huojuva hapuileva katse joka etsii katsekontaktia Pääpomon kanssa. Kun silmät tavoittavat toisensa, usko pitää ja kantaa niin Pietarin, kuin jokaisen olevaisen veden pinnalla. Kun katse alkaa hapuilla, niin olevainen vajoaa aaltoihin. Tämä on hyvin konkreettinen kuva siitä, että kaikki annetaan ylhäältä. Ylhäältä annetaan kaikki. Myös se tavallinen normaali elämä on lahjaa ylhäältä.

Tähän saumaan kerron sinulle Töllö hauskan jutun omasta elämästäni.

Kerran kuljin Pääpomon kanssa samaa reittiä suorittamaan erästä tärkeää tehtävää. Herra meni hieman edelläni ja näköyhteyttä toisiimme ei enää ollut. Pomo asteli läpi suljetun oven huoneeseen.

Minä kaarsin vauhdilla paikalle ja entiseen tapaan paljoakaan vauhtia hiljentämättä täräytin päin samaista ovea.

Siinä minä puolipyörryksissä selvittelin päätäni kun Pomo tuli auttamaan minua takaisin siivilleni. Hän ei sanonut minulle mitään. Hän hymyili lempeästi ja sitten sanoi, mennäänkö nyt sisään.

Silloin minua ei oikein naurattanut. Opetus jonka tästä sain oli vertaansa vailla.

En tahdo tätä selittää sinulle Töllö tämän enempää, vaan jätän muhimaan sydämiimme.

Tällaisia ovat uskon kiemurat.

Elämän leipä

Tämä Jussin luku Pääpomon puheista tuntuu helposti jo sanotun toistolta. Kuitenkin on hyödyllistä, että olevaisen suhdetta Iskään ja yleensäkin taivaallisiin katsellaan monelta suunnalta, koska silloin aina paremmin selkiintyy olevaisen osa tässä valtaisassa draamassa.

Älkää tavoitelko katoavaa ruokaa. Uskokaa Häneen jonka Iskä on lähettänyt. Iskän antaa leipää taivaasta, ja se antaa koko maailmalle elämän. Kaikki jotka Iskä Pomon yhteyteen ohjaa siinä tilanteessa, heistä hän ei kadota ainoatakaan.

Näin se menee. Kukin vuorollaan. Iskä ei hukkaa ainoatakaan.

Tämä leipä tulee taivaasta, se joka tätä syö, ei kuole.

IkiPöllö avaa hieman tuon leivän, elikkä Pomon syömistä. Tämä juttuhan on saanut monenmoisia hupaisiakin piirteitä kirkollisissa kulteissa. Usein kysymys on uskomisesta kultin voimaan, ei Jeesukseen.

Ensin on veren juominen. Joka juo Jeesuksen veren, Iskä on hänet kutsunut ja hän antaa yhdistää oman henkensä Kristuksen henkeen. Takaisin siihen emäkallioyhteyteen, josta se on lohkaistu. Huikeaa huikeaa kipeää iloa.

Leivän syöminen tarkoittaa nyt ja aina sitä, että nyt uudestisyntynyt olevainen ei tee estettä omassa ruumiissaan eikä sielussaan hengen vaikutukselle. Näin henki ohjaa olevaisen koko elämää. Hän syö nyt Kristuksen ruumista lihassaan ja sielussaan. Ottaa vastaan sen kärsimyksen jonka tuottaa uusi navoitus taivaallisiin.

Muistatko Töllö kun kerroin aiemmin kun kerroin navoituksesta. Plus ja miinus. Jokainen olevainen on miinusnapainen ennen uudestisyntymistä. Kun uudistuminen hengen kautta tapahtuu, niin navoitus muuttuu. Miinuksesta tulee plussa. Hepskukkuu. Näin se on. Rätinöinniltä ja kipinöinniltä ei voi välttyä. Siinä on pian akku tyhjä, jos ei ole hyvä yhteys yläkerran teholaturiin. Sieltä ei poveri lopu. Toki jos pilkkua fiilataan tässä jutussa, niin jäähän olevaiseen uudessa navoituksessakin miinusta vielä rakenteisiin, joiden kanssa joutuu omassa itsessään askaroimaan, ja miedompaa rätinääkin ilmenee tällöin silloin.

Ellette syö Ihmisen pojan lihaa ja juo Hänen vertaan, teillä ei ole elämää. Joka syö minun lihani ja juo minun vereni, pysyy minussa, ja minä pysyn hänessä.

Joka syö tätä leipää, elää ikuisesti.

IkiPöllökään ei ole aiemmin huomannut, miten hauskasti Jeesus napsauttaa niille jotka olivat ärtyneet Hänen syömispuheistaan. Miten käykään, jos näette Ihmisen Pojan nousevan sinne missä Hän ennen oli. Henki tekee eläväksi. Lihasta ei ole mitään hyötyä. Minun sanani ovat henki ja elämä.

Pomo tiesi opetuslapsia valitessaan, että Juudas tulisi Hänet kavaltamaan. Näin oli kirjoitettu ja näin tulisi tapahtumaan. Tapahtumaketjut ovat hämmästyttävällä pieteetillä ja tarkkuudella Iskän suunnittelemat. Tätä eivät olevaiset pysty ymmärtämään, eivätkä kaikki osaset oikein sovi IkiPöllönkään pieneen karvaiseen päähän. Sellainen Iskä meillä on. Kaikki on hallinnassa.

Jeesuksen veljet olivat hämillään Jeesuksen tunnusteoista. He eivät kuitenkaan ymmärtäneet, eivätkä uskoneet Häneen. Iskä ei ollut antanut uskoa heille. Näytä maailmalle, he sanoivat. Mutta motiivit sanojen takana olivat hyvin maalliset, eivät taivaalliset.

Jeesus meni salaa lehtimajajuhlille. Puolivälissä juhlaa Jeesus alkoi opettaa. Juutalaiset olivat ihmeissään. He väittivät Jeesusta pahan hengen riivaamaksi. Vallankahvassa olevat eivät pidä tunkeilijoista. Kyllä IkiPöllö on nähnyt monenmoisia konsteja, mitä viekas sydän saattaakaan keksiä, kun pitää päästä tunkeilijasta eroon. Veri roiskuu ja kansaa kaatuu.

Opettaessaan temppelissä Jeesus alkoi hiilestyä. Hän huusi kovalla äänellä kuulijoilleen: minut lähetti Hän joka on totuus itse, ja minä tunnen Hänet.

Kinastelu Jeesus henkilöstä ponnahteli puolelta toiselle. Fariseukset ja ylipapit olivat jo lähettäneet miehiä pidättämään Jeesusta, mutta he eivät tohtineet. Ei kukaan ole puhunut kuin Hän.

Nainen ja aviorikos

Nytkö fariseukset saavat Jeesuksen koukkuunsa? Mooses sanoo näin. Kivitetään. Entä sinä?
Olevaisen luontainen itsepetos, armottomuus ja tuomiomieli kuljettavat tässä huikeaa draamaa, joka verhoaa tätä tilannetta. Läsnäolijat hiljenevät odottamaan Jeesuksen vastausta kimuranttiin kysymykseen. Pääpomo näkee kaiken lävitse ja on tilanteessa aivan levossa.
Hän antaa kulua hetken kirjoittamalla maahan sormellaan. Läsnäolijatkin ehtivät näin laskeutua tilanteeseen, ja odottavat Jeesuksen ratkaisua. Sanat jotka Hänen huuliltaan kuultiin, olivat sellaista lapsenkaltaista syvää viisautta, jota ei ollut kuultu milloinkaan aiemmin.
Lapsenkaltaista taivaallista viisautta. Niissä kohtasivat suhde omaan minään, sosiaaliset vuorovaikutukset ja suhteet, sekä suhde taivaallisen Iskän tahtoon.

Iskän ja Pääpomon rakkaus olevaisiin on kokonaan armoon uutettu, ja sitä he odottavat myös olevaisten keskinäisiltä suhteilta.

Kuka teistä on synnitön, heittäköön ensimmäisen kiven.

Totuus ja armo nöyrryyttivät farisealaiset käsitykset uskonnollisen lain noudattamisesta.

Pääpomo vapauttaa olevaisen vapauteen raskaista taakoistaan.

Olevainen tahtoo heittää vankeuteen veljensä, jonka hän itse on johdattanut rakkaudettomuudellaan pimeälle polulle.

Mailman valo

IkiPöllö on saanut seurata Mestarin kuninkuutta läpi maailmojen. Nyt on Pomo astunut kokemaan konkreettisesti luotujensa elämää. Hyvä johtaja asettuu kuuntelemaan ja huomioimaan alaistensa elämää kokonaisvaltaisesti ja tutustuu johdettaviensa elämään monipuolisesti, voidakseen tehdä oikeita ratkaisuja heidän suhteensa.

Kristus teki tämän niin konkreettisesti kuin mahdollista.

Syntyi naisen kohdusta ihmiseksi. Varttui aikuiseksi hyvinkin tavallisessa perheessä. Näin Hän pystyi mitä syvimmällä tasolla ymmärtämään olevaista.

Nyt Mestari todista itsestään. Minä olen maailman valo. Ei ollut ketään muuta joka hänen syvyydellään ja korkeudellaan olisi voinut pätevästi todistaa elämästä ja valosta.

Voi miten IkiPöllö iloitseekaan tuosta hetkestä.

Taivaallinen rakkaus ja nöyryys olivat astuneet maan kamaralle. Pomo oli tullut antamaan elämänsä sillaksi taivaallisiin. Pomo suostui rakkaudesta olevaisiin ristinkuolemaan. Luodut naulasivat luojansa ristille. Tämä on hyperdraamaa maailmankaikkeudessa. Kuinka tämä ristin hullutus voi olla avain maasta taivaallisiin? Siinäpä kysymys.
IkiPöllö huomaa kuinka vaikea näitä juttuja onkaan sanoittaa.
Pyydän sinua Töllö heti keskeyttämään tai muutoin vinkkaamaan, jos jokin piirustus ei sovi sinun lehtiöösi.

Minä menen pois

Te olette alhalta, minä olen ylhäältä. Te kuulutte tähän maailmaan. Minä en tänne kuulu.
Minä menen pois. Sinne minne minä menen, te ette voi tulla. Te kuolette synteihinne.
Kuulijat ihmettelivät. He eivät ymmärtäneet mitään siitä mitä Pomo heille kertoi. He eivät ymmärtäneet elämää oman kokemus ja ajattelupiirin ulkopuolelta. Kukapa voisikaan.
Synteihin kuolemisella Herra Pomo tarkoitti heidän jäävän niihin ympyröihin joissa he olivat kaikki maaelämän vaiheensa olleetkin. Ainut väylä pois tästä kehästä oli ja on yhteys Pääpomoon.
Hänen kauttaan kulkee taivaskanava.

Eikö tunnukin hassulta Töllö, että Pomo tuli paasaamaan pikku porukalle näin valtaisaa kaikkia koskevaa mitä merkityksellisintä sanomaa. No, koska me Töllön kansa olemme monet koukerot kulkeneita ikiliikkujia, niin ymmärrämme myös suuret kokonaisuudet.

Pomon maallinen esiintyminen oli lähtölaukaus suurelle rakenussuoperaatiolle. Tämä rakennus/pelastussuunnitelma oli kirjoitettu jo ennen kaikkea muuta Iskän papruihin.

Nyt oli lyöty tiskiin lähtemättömät dokumentit, joiden jälkeen alkoi pitkän pitkä Pyhän Hengen työ tämän sanoman levittämiseksi jokaisen olevaisen sydämeen saakka. Pomo ei hylkää ainuuttakaan olevaista, vaikka edellisistä vihaisen oloisista Pomon puheista saattaisi toisin päätelläkin.

Jeesus melkein huuti kuulijoilleen taivaan sanomaa, kun tunnekuohu astui tehostamaan puhetta. Lihassa ollessaan Hän ärsyyntyi helposti. Uskoisin hänen reagoineen ärtyisyydellä siihen yksinäisyyteen, jossa Hän joutui ihmisenä elämään. Hän eli totaalisen yksin olevaisten joukossa. Taivaalliset kontaktit eivät kokonaan voineet korvata maallisia, koska Hän oli myös olevainen. Yhteyden kaipuu näkyi Pomon elämässä. Vaikka Hän tuli taivaasta, Hän lihassa olessaan oli tunteva ja kaipaava Iskän Poika.

Tuntemaan totuuden. Tämä oli Jeesuksen viestin perusilmaisu. Joka näkee Hänet, näkee Iskän ja totuuden. Kuten olet Töllö huomannut, niin tässä maaelämässä piilee merkittävä paradoksi.

Kasvaa ja elää tässä maassa täysillä. Imeä kaikki anti mitä on tarjolla.

Pomo kuitenkin puhuu tämän elämän turhuudesta ja loputtomasta syntisyydestä. Juuri näin on asian laita.

Taivaallisen yhteyden vuoksi on sydämen luovuttava kaikista tämän planeetan ihanuuksista. Jos sydän on täyttynyt tämän maan antimista, sinne ei sovi muuta. Kun taivas saa täyttää sydämen, se halulla luopuu kaikesta maanpiiriin kuuluvasta. Olevaisen ei tarvitse kuitenkaan vältämättä luopua mistään. Niiden merkitys ainoastaan muuttuu. Muuttuu totaalisesti. Sydän täyttyy uudesta elämästä. Koti odottaa paluumuuttajaa.

Huomio! Huomio! IkiPöllö kuulolla. Näin meni käskytys. Rakkauden äänellä tietysti.

Totuus. Tulette tuntemaan totuuden. Pomo sanoi näin. Tulette tuntemaan totuuden.

Se ei siis vielä ole teillä. Totuus on sisään rakennettuna Iskän ja Pomon tuntemisessa. Tämä viesti kuuluu juuri näin tänäänkin. Teillä on rakkaat olevaiset harhautunut käsitys rakastavasta Isästä.

Te olette poimineet kirjoituksista omaan sydämenne maisemaan sopivia kohtia, ja diktatorisesti sekä armottomasti olette rakantaneet hyvästä sanomasta hallintavälineen oman heikon minänne ja vajavaisen ohuen kulttuurinne suojaksi.

Iskä on loputtoman hyvä ja armahtava. Hän ei voi eikä tahdo hyljätä eikä kadottaa ainoatakaan sirua itsestään.

Uskonnolliset kulttuurit ovat ahdistaneet totuuden pimeimpään nurkkaan piiloon kaipaavienkin katseilta. Paljon on toki esillä, mutta tärkeitä osia piilossa. Tämä oli totta Pomon elämän aikaan, ja se on totta tänäänkin.

Tätä ei IkiPöllö sano ketään syyttävillä ajatuksilla, vaan täydellä tietoisuudella siitä, että Iskän tahto on toteutunut tässäkin. Ei kaikkea kerralla, eikä liian aikaisin. Tänään kun IkiPöllö tätä tarinoi sinulle Töllö, on varmasti joitain juttuja joiden aika ei vielä ole. Niitä ei IkiPöllökään tiedä.

Tärkein IkiPöllölle annettu välitystehtävä on saattaa olevaisille tietoisuuteen olemisen iankaikkinen pituus ja syvyys ja hieman leveyttäkin. On ollut olevaisten julmaan mielenmaisemaan
sopiva vilosohviamalli tämä yhden ainoan elämisen malli. Tämä on tietenkin totta, että jokaisen elämä on oma ja ainutkertainen. Tällä kuitenkin uskonnollisessa kontekstissa tarkoitetaan, että tämä oleva maaelämä on ainoa elämä. Se on suorastaan hauska väite, jos ei huomioida mitä karmeaa tällä käsityksellä on pidetty yllä.

Jokainen olevainen tulee henkensä osalta ja kautta kaiken olemisen alkulähteiltä. Jokainen on ollut ja tulee aina olemaan olemassa ja suunnattoman tärkeä ja rakas Iskälle.
Nyt elettävän elämän sieluelämä on ainut kertainen. Se on länsimaisten olevaisten uskonnollisissa käsityksissä tavallaan totta. Jos oleva elämä ei vielä vie taivaallisiin, niin matka jatkuu seuraavassa tai seuraavissa elämissä. Mikään ei ole turhaa elämää, vaikka olevaisten näkökulmasta siltä näyttäisikin.

Kaikki kelvollinen aines tallentuu hengen omaisuudeksi.

Abrahamin lapset

Pomo vakuuttaa kerta toisensa jälkeen totuuden tekevän olevaisen vapaaksi. Totuus aukeaa Hänen tuntemisessaan.
Juutalaiset olivat ylpeitä juuristaan. Abrahamin kelvollisia lapsia. Mitä meiltä mukamas puuttuu?
Heillä oli sukunsa pitkä perimäymmärrys ja hengellisyys sydämissään.
Maallisissa elävä olevainen ei tiedä mitä häneltä puuttuu. Aivan tarkalleen katsottuna tämä ei pidä paikkaansa. Henki, se pieni palanen Jumalaa, antaa viestejä sieltä Hengen syvyydestä. Jotakin on enemmän kuin tämä näkyvä elämä. Jotakin suurempaa. Jotakin kirkkaampaa. Jotakin puhtaampaa. Jossakin on elämää, jossa sydän ei syytä.
On nääs niin, että kun Henki kuiskuttelee syvyydestä, niin olevainen kokee olonsa epäkelvoksi, koska lihallinen olemus sisältää jo sinänsä ilman mitään eri tekoja raskasta väreilyä, ja olevainen kutsuu sitä synnintunnoksi.
Se olevainen, joka toteuttaa tuon väreilyn sanomaa, tekee synnin tekoja.
Iskä on olemisen elämisen näin nähnyt hyväksi. Jokaisen olevaisen elämä on huikeaa draamaa.
Kamppailu alkaa maallisessa syntymässä, ja saa päätöshuipennuksensa ruumiista erkanemisessa. Pääpomolla tämä draaman huipennus oli aivan omalla tasollaan. Tietenkin näin oli.

Pomo sai heti ruumiin kuolemassa taivaallisen olemuksensa täyteyden takaisin. Tai oikeammin sanottuna se oli Hänellä koko ruumiillisen elämän ajan, mutta lihan verho oli kuin vaate kaiken yllä.
Kun tavallinen olevainen kuolee, siis riisuu vaatteen yltään, sen alta paljastuu sielu kaikkine ominaisuuksineen, ja sen keskiössä olevaisen Henki. Tämän jälkeen sielusta poistetaan maailman järjestyksen mukaisesti karkea, Hengen seuraksi kelpaamaton osa pois. Tämä tapahtuu useinmiten helvetin tulessa. Olevainen pitää niin kovasti kiinni sielunsa osasista joiden kanssa hän on elämänsä elänyt, että tarvitaan rakkauden kipeimpiä muotoja, jotta ne saadaan irti olevaisen minuudesta.
Iskän menetelmänä on näyttää olevaiselle itselleen hänen sydämen laatunsa pohjia myöten. Kärsimys jota helvetin yhteydessä usein kuvataan, syntyy siitä kun olevainen näkee minuutensa epäpuhtauden. Viimein syntyy halu luopua epäpuhtaista aivoituksista, ja näin sielu puhdistuu Hengen ominaisuuksiin mukautuvaksi. Helvetti on elämän kierron prosessissa yhtä tärkeä ja yhtä hyvä paikka kuin kaikki muutkin osaset, vaikka sen ylle on kasattu olevaisten keskuudessa melko hurja maine.
Helvetti on siis hyvä. Ja on jokaiselle tärkeä pesupaikka.
Jeesus oli tietenkin lihallisen elämänsä jälkeenkin puhdas Jumalan Poika, eikä tarvinnut mitään puhdistusta.
Kun Pomo puhuu toistuvasti vapaudesta jonka Hänen tuntemisensa tarjoaa olevaiselle, Hän tarkoittaa sillä prosessia, jota voisi kuvailla seuraavas-

ti. Täysin tietoisena sanoilla kuvaamisen vajavaisuudesta, IkiPöllö rohkenee kuitenkin aina puhua tärkeistä asioista milloin ja missä vaan.

Juttu menee siis näin. Kun olevaiseen syntyy halu Jeesuksen kuulemiseen, ja näin siis siihen totuuteen, mistä Hän puhuu, olevaisen sielun panssari ohenee. Kun Pyhä Henki puhkaisee aukon sieluun ulkoa päin, yhdistyvät olevaisen Henki ja Iskän Henki seurusteluyhteyteen keskenään.

Olevaisen silmät avautuvat taivaallisiin. Hänessä syntyy halu luopua turhasta sielun roinasta, ja näin sielu alkaa puhdistua maallisesta kuormasta. Olevaiselle tämä on kuitenkin vaikea prosessi. Maan epäpuhtauksien vetovoiman salattu viehkeys säilyy. Olevainen joutuu kamppailuihin valintojen edessä usein koko elämänsä matkan.

Juutalaiset sanoivat, emme ole porton poikia, Abraham on isämme, ja yksi Isä Jumala.

Jeesuksen tieto avaa myös meidän ymmärrystämme. Jos Jumala olisi ollut Isä Jumala juutaisten kuulijoiden sydämissä, niin he olisivat kuulleet ja tunteneet Jeesuksen olemisen taivaallisuuden.

Heidän suunsa puhui Jumalasta, vaikka he eivät sydämessään ja Hengessään Häntä tunteetkaan.

Saatana on teidän isänne, sanoi Jeesus heille. Näin sanoo myös IkiPöllö. Kaksi on valtaa joista valita. Joko maan hallitsija, Saatana, tai IsäJumala taivaissa. Saatana tekee tärkeää työtä draaman aineksien navoituksen ja miinus jännitteen ylläpidossa. Se tietää tekevänsä tärkeää työtä ja pitää omistaan kiinni kaikin keinoin.

Jeesus ja Abraham

Koska juutalaiset eivät ymmärtäneet pomon puhetta, he arvelivat Hänen olevan pahan hengen valtaama. Tämä siksi, että he luulivat itse olevansa korkeinta hengellistä tasoa, ja jos heidän käsityksistään olennaisesti poikkesi, niin jotain hämärää oli silloin kysymyksessä.
Sinä muka suurempi kuin Abraham?
Minun kunniani on kirkastaa Iskä. Te ette Häntä tunne, vaikka kutsutte Häntä isäksenne.
Isänne Abarahm näki minun päiväni, ja iloitsi siitä.
Ennen Pomon maallista elämää ei ole ollut montaa persoonaa jotka taivalsivat taivaallisiin, mutta oli kuitenkin. Abraham oli sellainen. Koska juutalaiset eivät tunteneet totuutta, niin he hiiltyivät kun Pomo sanoi olleensa ennen Abrahamia.

Koska olevaiset useimmissa kulttuureissa olettavat käsillä olevan elämän olevan ainoa, monilla on hätä saada asiat pikaisesti ojennukseen oman näkemyksensä mukaisesti. Luottamus Isän Jumalan kannattelevaan voimaan on monasti heppoista, ja oman ajatuksen oikeutus astelee toiminnan moottoriksi ja luottomajakaksi. Näin rakentuvat olevaisten omat tulkinnat sinänsä oikeista kirjoituksista. Niihin täräytetään itse kaiverretulla leimasimella Jumalan leima, ja näin tulkinta on lukittu totuudeksi, jota ei ole lupa epäillä.

Jos te tuntisitte totuuden, te tuntisitte minut ja Iskän, sanoo Jeesus ties monennenko kerran. Tuntisitte tämän kaikkeuden olemisen pituuden, leveyden ja syvyyden. Ymmärtäisitte elämän huikean janan hamasta iankaikkisuudesta tulevaan iankaikkisuuteen. Näitä juttuja ei voi ymmärtää, sanoo IkiPöllö, muutoin kuin tuntemalla tämän pallon Pomon, Jeesuksen.

Tietenkin nämä asiat voi tietää Häntä tuntemattakin, mutta se ei vie pitkälle. Vedänpä kuitenkin hieman sanojani takaisin. Kyllä tieto on tärkeää. Jeesuksen kohtaamisessa tieto saa sitten ymmärryksen syvyyden, ja muuttuu kantavaksi sillaksi elämästä todelliseen elämään.

Totisesti totisesti, ennen kuin Abraham syntyi, Minä olin. Porukka alkoi hiiltyä Pomon puheiden tähden, kun eivät niitä ymmärtäneet. He alkoivat kerätä kiviä heittääkseen niillä Pomoa, mutta Hän poistui paikalta.

Iskän käsikirjoitus on tarkka. Kun olevainen astuu näyttämölle, hänen elämänsä kässäri on jo valmiina. Hänen ei tarvitse opetella siitä mitään elämäänsä varten. Käsikirjoitus toteutuu hänessä ilman sisällön opettelua, ja tietoa sen olemassaolosta. Se on hyvä ettei ole tietoa, koska se johtaisi olevaisen elämässä suuriin vaikeuksiin. Voinet Töllö kuvitella minkälaisiin.

No onko olevaisella sitten vapaata tahtoa laisinkaan, jos kerran kuljetaan kuin juna raiteilla kohden määränpään pysäkkiä? Kyllä on tietyissä rajoissa. Radalta ei kuitenkaan ole mahdollista poistua.

Matkantekoa ei myöskään ole mahdollista jouduttaa. Hidastaa kylläkin. Usein matkaaja hyppää kyydistä välipysäkillä, ennen sitä pysäkkiä, mikä matkalipun määräasemassa on mainittu.

Keskeytyksen syiden kirjo on yhtä moninainen kuin olevaisten elämän kivutkin. Jokaisen elämä on uniikki. Ei ole täysin samanlaisia tarinoita.

Niin tuo kässäri juttu juontui siitä, kun juutalaiset keräsivät niitä kiviä. Samoin Jeesuksen sanat ja heitä ärsyttävä puhe. Pomokin kulki käsikirjoituksessa itse sitä sen kummemmin ajattelematta.

Samoin juutalaiset.

Näin se vaan on Töllö, sanoo IkiPöllö, joka on kierrellyt ja kaarrellut pitkin ja poikin tätä maailmankaikkeutta ristiin rastiin hamasta iankaikkisuudesta alkaen, ja tietää ja ymmärtää lähes kaiken. Ei kuitenkaan aivan kaikkea.

Kyllä on olevaisen elämä helppoa ja autuasta, kun vaan älyää retkahtaa Iskän vakaille ja vahvoille käsivarsille, ja antaa Hänen kuljettaa kiskot kolisten, kunnes määräasemalla Hän hellästi laskee matkaajan asemalaiturille.

Tätä kutsutaan luottamukseksi. Luottamukseen kasvetaan. Luottamus ei sinänsä edellytä Iskän tuntemista. Hänen tuntemisensa auttaa luottamuksen syntymiseen. Iskä on sataprosenttisesti luotettava. Näin sanoo IkiPöllö. Paljon kierrellyt ja kaarrellut.

Jeesus parantaa sokeana syntyneen

Eikö savenvalaja ole kykenevä korjaamaan viallisen ruukun. Kyllä on. Pomo kaiken luojana korjaa näin tahtoessaan mitä vaan. Aktivoi näön joka kuuluisi olevaiselle, mutta joka on ollut rikki syntymästä asti. Herättää kuolleen. Näitä juttuja ei Iki-Pöllön ole katsottu tarpeelliseksi ymmärtää.

Meinaan sitä rosessia mitä ja miten korjaustoimi tapahtuu.

Riittää kun luottaa kaiken olevan mahdollista Hänelle, ja jokaiselle joka kokonaisesti uskoo. Sellaisella uskolla on näet Pomon valtuudet ja joukot käytössään niissä toimissa, jotka ovat myös Hänen tahtonsa mukaisia.

Jeesuksen aikoina oli kultturellinen usko synnin aiheuttavan monenmoisia ruumiillisiakin vajavuuksia. Jeesus kumosi tämän uskomuksen, ja sanoi miehen olevan sokea, jotta Iskän teot tulisivat hänessä julki.

IkiPöllö hieman ihmettelee Pomon sanoja , kun Hän sanoo olevansa maailman valo niin kauan kun Hän on maailmassa. No niin tai näin. IkiPöllö tietää pomon olevan maailman valo myös lihallisen elämänsä jälkeen. Että sitten sillä lailla.

Fariseukset kuulustelevat

Oppineilla juutalaisilla oli tarve päästä keinolla jos toisella listimään Jeesus, koska hän oli valloittanut heiltä auktoriteetin ja uskonnollisen johtajuuden kansan silmissä.

Onhan se ymmärrettävää, että päreet alkaa savuta, kun joku hurvake tulee sotkemaan heidän uskonnollisia käsityksiään. He olivat sentään kaikkensa likoon panevia Mooseksen opetuslapsia.

Heidän perinteet ja säännöt ulottuivat vuosisatojen taakse. Nyt joku hörhö kuvittelee olevansa Jumalan asialla, vaikka rikkoo lakia monessa mutkassa, ja aivan tahallaan.

Nyt he kuulustelivat näkönsä saanutta. Jeesus hyvin tarkoituksellisesti rikkoi sapattisääntöjä.

Tämän tarkoitus lienee ollut ulkokultaisuuden paljastaminen.

Juutalaiset olivat jo päättäneet erottaa synagoogasta jokaisen, joka tunnustaisi Jeesuksen Messiaaksi.

Kansa pelkäsi fariseuksia, koska heidän valtansa oli suuri.

Variseukset todistelivat monelta kantilta Jeesuksen olevan paholaisen asialla. Näkönsä saanut vilpittömän ansiokkaasti puolusti Jeesusta. Miehen täytyy olla Jumalalle mieluinen. Ei Hän kuuntele syntisiä.

Fariseuksen solvasivat häpeämättömästi näkönsä saanutta. Syntinen syntymästäsi asti.

Myöhemmin Pomo tapasi miehen. Hän kertoi miehelle olevansa ihmisen poika.

Sokeat saavat näkönsä. Näkevistä tulee sokeita.

Et kai tarkoita , että mekin olemme sokeita? Kysyivät variseukset.

Jos olisitte sokeita, teitä ei syytettäisi synnistä. Te väitätte näkevänne, niin synti pysyy teissä.

Tässä Pomo täräyttää tärkeän näkökulman olevaisen elämään. Hän joka elää taivaallisten yhteyksien ulkopuolella, eikä mitään muuta uskottelekaan, ei tee syntiä laisinkaan. Vasta kun hän saa kutsun taivaallisiin yhteyksiin, henki elävöittää myös synnin tunnon. Sokea huoleton elämä saa uuden suunnan. Iankaikkisuus perspektiivi avautuu.

Ne olevaiset jotka väittivät näkevänsä, vaikka heidän perspektiivinsä oli sidottu maailmallisiin, elävät ilman taivaallista yhteyttä. Koska he luulivat jo olevansa pyhiä ja valmiita, heissä ei ollut tilaa Pyhälle Hengelle. Synti pysyy heissä.

Fariseukset sanoivat olevansa Mooseksen opetuslapsia. Mooseksen Jumala yhteys ja laki olivat vuosisatojen aikana vahvistuneet valtaisaksi ulkoista lain noudattamista koskevaksi lakikokoelmaksi. He uskoivat olevansa näkeviä Jumalan palvelijoita.

Nyt uudet tuulet alkoivat puhaltaa voimalla, kun Pomo saapui luotujensa keskuuteen avaamaan uutta online väylää olevaisille. Enää eivät suoritukset kelpaa. Hän ei tahdo enempää eikä vähempää kuin ihmisen ytimen, sydämen ja Hengen. Siis koko olevaisen. Niistä jotka luulivat olevansa näkeviä, tuli Pomon seurassa sokeita kaikkine sapattilakeineen. Ne jotka eivät mitään luulleet olevansa, heille oli Pomon halu ja tahto antaa, ja myös helppo antaa uusi hengellinen näkökyky. Siellä vastassa ei ollut narsistista lakihenkistä vastarintaa.

Jeesus harvoin on korkeakulttuuristen seurassa tänäänkään. He ovat useinmiten jo aivan täynnä maailmaa ja omaa itseään. Kulttuuri ei suinkaan ole este. Kulttuurien tulee kehittyä ja rakentua. Tiettyyn hetkeen katsottuna itseänsä kulttuurin huipulla pitävät olevaiset ovat usein itseään salaisesti täynnä, oikeassa olevia salakavalia huippunarsisteja. He ovat jo palkkansa saaneet, sanoo Pomomme. He joutuvat palaamaan uudelleen opettelemaan elämää.

IkiPöllö samaistuu aivan liiaksi olevaisen elämään, kun saa läheltä seurata tuota usein niin vaivalloista matkan tekoa. Monesti tekee kipeää, mutta sellaista se elämä vaan on.

Ristin hullutus, joka on olevaisen oletettua viisautta vastassa, oli kässärissä jo ennen maata ja luomista. Tässä hullutuksessa maan kansalainen saa ilman suorituksia yhteyden Iskään, kaikki valtiaaseen Jumalaan. Ei tarvitse kuin saada kutsu ja murtaa oma ylpeys. Suostua ottamaan vastaan lahja.

Kuulehan Töllö kuomaseni. IkiPöllö tietää sinulla olevan paljon perinnäissääntörasituksia näissä elämän katsannoissa. Kuinka vaikea onkaan päivittää uutta tietoa olevaisen sieluun. Perinnäissääntöjen juuret ovat syöpyneet syvälle sielun kovalevyyn. Mitään ei ainakaan tapahdu, ellei puhdasta Pomon viisautta ole tarjolla.

Tämä kaikki, kokonaisuuden rakenne, on mitä suurinta Iskän ja Pomon johdonmukaista viisautta. Siinä ei ole mitään taikuutta eikä epäjohdonmukaisia osasia. Se viisaus rakentuu hyvinkin erilaisista komponenteista kuin maailmallinen olevaisten viisaus. Ne ovat totuus, johdonmukaisuus ja armo. Hyvin yksinkertaista kaikessa valtavuudessaan.

Koko luomakunnan elämä rakentuu elämän ja kuoleman vuorottelusta. Näin myös olevaisen elämä kulkee. Luomakunnan huippuna ja Iskän kuvana, olevaisilla on mahdollisuus poistua tästä vuorottelusta. Kun aika oli kypsä, Pomo, Herramme Jeesus Kristus, toteutti pelastussuunnitelman ristinhullutus osion.

Hyvä Paimen

Pomo runoilee lammastarhasta kuulijoille, jotta he vertausten kautta paremmin saattaisivat ymmärtää Jeesusta ja Hänen valtakuntaansa sekä tehtäväänsä. Turha toivo. Ei mennyt perille. Asioiden selvittäminen oli kuitenkin tärkeää. Ne jäivät siemenenä hiljakseen itämään. Tietysti myös sen tähden, että puheet kirjautuivat myöhemmin Raamattuun.

Lammastarhavertauksella Jeesus korosti viekkaan mailman petollisia viestejä, jotka yrittävät tänäänkin sysätä Valtakunnan evankeliumin sivuun, ja antaa olevaisille mieluisia oppeja ja ennustuksia.

Ne joiden oli siinä elämän hetkessä, ja myöhemminkin, määrä kuulla Mestarin ääntä, kuulivat ja kuulevat sen, ja seuraavat Pomoa. Seuraaminen ei tarkoita elämän järjestämistä opetuksen mukaiseksi, vaan sydämen ja Hengen luovuttamista "Herran haltuun" . Muut jutut sitten kyllä hoituu kuin itsekseen.

Ehkä monen opetuslapsen tänäänkin tulisi elää yleisen "ristillisen"opetuksen ja moraalin vastaisesti, koska perinnäissäännöt ja käyttäytymiskoodit ovat menneet Pomon seuraamisen edelle. Tulee siis toimia kuten Pomo omana aikanaan. Kuunnella Iskän ääntä, ja sitten toimia sydämen opastamalla tavalla ja intensiteetillä. Olevaisten pelko panee helposti paulan, joka estää kulkijaa katsomaan rehellisesti elämää, ja elämään todeksi sitä tehtävää, joka on hänen Henkeensä koodattu.

IkiPöllö on nyt hieman ärtynyt ja vihainenkin, kun se miettii länsimaisia uskonnollisia keksintöjä, joita he ovat viritelleet, kun eivät ole asioita ymmärtäneet. No niin, siinähän se tulikin. Eivät ole ymmärtäneet, ja on ollut tavallaan pakko keksiä jokin uskonnollinen maailman selitys.

IkiPöllö ei siis enää ole vihainen, kun se ymmärtää, että näin sen on kuulunut tähän saakka ollakin.

Iskä on näin asian funtsinut. Siis hyvä näin tällä hetkellä.

Menneisyyttä emme voi, emmekä tahdokkaan muuttaa. Tulevaisuus on tässä heti tämän lauseen jälkeen. Siihen vaikutamme tavalla jonka Iskä on tähän hetkeen hyväksi määritellyt. Melko fatalistista, eikö olekin Töllö?

Minulla on sellainen ymmärrys päällä tästä fatalismista, että meille on mahdollista toimia kässärin puitteissa, mutta ei pidemmälle. Käsikirjoituksesta voimme poiketa ainoastaan niin, että kieltäydymme toimimasta sen mukaisesti. Kieltäytymisen syitä on tietenkin monia. Nautinnollisen elämän viehkeys. Olevaisten pelko. Ystävien katoaminen. Pomolla ei ollut ehkä ainoatakaan ystävää, vaikka Hän sanoikin opetuslapsiaan ystävikseen. Hän oli yksin olevaisten keskellä. Hän sanoo seuraajiensa elämän olevan samankaltaista kuin Hänenkin.

Kuitenkin. IkiPöllö tahtoo rohkaista empiviä. Suurin nautinto jonka olevainen voi elämässään saavuttaa, on se tyydytys, jonka antaa elämä, joka on kulkenut Iskän poljennossa. Kaikki kieltäytymykset, joihin on itsensä taivuttanut, ovat korvattuina sata ja tuhat kertaisesti päätökseen saatetun elämäntehtävän antaman pyhän tyydytyksen täyteyden antamalla ilolla. Olevainen voi tämän saavuttaa ainoastan pitämällä katseensa kiinnitettynä elämän antajaan ja käsikirjoittajaan.

IkiPöllöstä on koomisen hauskaa kun se funtsii näitä juttuja. Sillai hyvällä rakaudellisella tavalla hauskaa. Ei ivallisesti. Helpotti kun sain sanoa äsken, että olen vihainen. Vaikka sitten kohta en ollutkaan vihainen

Tällä komiikalla tarkoitan siis niitä moninaisia uskomuksia joita uskonnoissa lymyilee kulttuuristen sääntö sokkeloiden kanssa verkostoituneena, kuin salaseurat demonisoiduissa kokouksissaan.

Jeesuksen monista puheista, samoin kuin Iskän puheista, käy kiistattomasti ja varmuudella selväksi, että kulloinkin elävistä olevaisista on pääsevä taivallisiin vain pieni murto-osa.
Jeesus kylmän viileästi antoi ymmärtää helvetin puhdistavan tulen odottavan suurinta osaa olevaisista jotka Hän kohtasi eläessään.

Raamatun kirjojen kaikki viestit kertovat taivaallisin menijöiden olevan todella harvalukuisia.

Ennen Pomon maaelämää taivaallisiin palasivat ainoastaan ne, jotka olivat sieltä tulleet suorittamaan tiettyä tehtävää maallisiin. Aivan kuten Pää-Pomokin. Hänen tehtävänsä oli aivan siis tärkein ja erikoisin. Avata tie kutsutuille takaisin himaan.

Nyt jos kuitenkin hieman hipaisemme lännen uskomusten linjauksia ennen kuin jatkamme juutalaisten ja Pomon dialogiin.
Tämä ei mene nyt aivan Jussin evankeliumin järjestyksessä, mutta IkiPöllö päätti, että tämä juttu tulee

käsitellä nyt, eikä seuraavan luvun jälkeen. Näin on asia.

Olevaisen elämänkaaren ensimmäinen mykistävä hapuilu on syntymä. Nyt kyllä tekisi IkiPöllön mieli olla hieman piikikäs. Tahdon kuitenkin taltuttaa mieleni, koska tiedän kaiken kulkevan Iskän kässärissä, ja se on hyvä näin.

Olevaiset olettavat siis Jumalan luovan ennen olemattoman hengen olevaiselle jollakin kohdalla hedelmöityksen ja syntymän välillä. Tämä on ollut tietysti luonteva filosofia, kun näkökyky oli ja on rajoitettu.

IkiPöllö joka on kierrellyt ja kaarrellut tätä olemista pitkin ja poikin halki kaiken historian, ei nyt aiemmin mainituista syistä hymyile edes salaisesti, vaan kertoo sinulle Töllö, ja myös seuralaisillesi, että onneksi tämä luomisjuttu ei kulje näin. Ei liippaa edes läheltä.

En ala sitä nyt setviä sen enempää, koska sitä on jo aiemmin monesti väännetty ja käännetty. Pitäydyn tässä yhteydessä ainoastaan toteamaan, että jokainen on siis Henkensä puolelta syntynyt Iskästä Pomon kautta jo ennen tämän planeetan syntyä.

Elämä päättyy kuolemaan. Mitä silloin olevaiselle tapahtuu.

Uskonnolliset olevaiset ovat kehitelleet erilaisia versioita jo kuolleiden varastopaikoista, josta he ponnahtavat esiin tuomittaviksi viimeisenä päivänä. Sitten katsotaan kenen elämä kelpaa taivaskotiin ja kenen elämä johdattelee helvettiin. Molemmat ratkaisut ovat lopullisia ja milloinkaan päättymättömiä.

Nyt IkiPöllö sanoo sanasen. Tämä on raakalaisten evankeliumi. Demoninen oppirakennelma. Tällä ei ole Iskän eikä Pomon kanssa mitään tekemistä. Läpikohtaisin kerettiläinen rakennelma. Olevaisilla on kirjastot pullollaan teoksia, jotka tavalla tai toisella kiertelevät näitä olemisen peruskysymyksiä. Oh miten viisaita ne ovatkaan. Kiertelevät ja kaartelevat kuin IkiPöllö maailmankaikkeutta. He kiertelevät ja kaartelevat syntymän, elämän ja kuoleman kysymysten äärellä mitä viisaamman oloisesti, mutta sanomatta juurikaan mitään asiaa selventävää.

IkiPöllö on tullut siihen tulokseen, että olevaisista on mukava olla löytämättä asioiden ydintä. Meinasin sanoa totuutta. Varon kuitenkin hieman tuota sanaa. Mielestäni vain Pääpomo on oikeutettu käyttämään tuota sanaa. Hän on totuus. Mitä enemmän Häntä tuntee, sitä selvemmin näkee totuuden tai osia siitä. Näkee. Totuutta ei ensisijaisesti tiedetä, vaan nähdään. Pomo sanookin, kuka on nähnyt minut, on nähnyt Iskän. Lapsenkaltaisen silmillä.

Jokaisessa olevaisessa säilyy tuo viaton lapsi sisimmässään läpi elämän. Kuka saa sen armon, että saa toverikseen Pyhän Hengen raivaustalkoisiin, kun pusketaan polkua läpi maailmassa rakentuneen sielun, persoonan ytimeen, Henkeen, hän saa nähdä sen mitä Pomokin näkee. Hänen lupauksensa mukaan avautuu näköala taivaallisiin. Sitä näköalaa on vaikea sanoittaa olevaisten sanastolla.

Kuten Raamatun kirjoituksista saamme päätellä, kotiinpaluu taivaisiin ei onnistunut ennen Pomon debyyttiä lihaan keneltäkään maanpiiristä syntyneeltä. Kaiketi Iskä on hyväksi nähnyt, että käsitykset olevaisten osasta ovat saaneet pysyä tällaisina ainakin tähän hetkeen saakka. Ehkä jatkossakin. Saamme nähdä. Luotamme Hänen käsikirjoitukseensa.

Anyway, olevaisten kiertokulku syntymä, elämä, kuolema, ja putsauksen jälkeen uusi kierto jos Iskäyhteys ei rakentunut sen elämän aikana.

IkiPöllö heittää tässä lyhyen katsannon itämaisiin uskontoihin. Aivan kuten Töllö jo hokasitkin, niin siellä ovat jotkin perusfilosofiat paremmin paikallaan kuin lännessä. Siellä tiedetään olevaisen elämän peruskuvioista monta juttua aivan oikein. Elämä kulkee siellä lähempänä olemisen ydintä, Henkeä.

Länsipatruunat pitävät itseään parempina ja ymmärtäväisempinä, koska heillä on enemmän materiaa suojanaan millä ylpeillä. Materiaan liittyvät seikat ovat suurimpia harhauttajia. Vain harvat ovat kypsiä käyttämään maan antamia rikkauksia oikein.

Iskän erikoiseen huumorintajuun kuuluu sallia eri puolilla maailmaa, eri kulttuureissa mitä eriskummallisempia uskomuksia. Idän harhoihin kuuluvat karma, edellisten elämien synnin näyttäytyminen jonakin sairautena uudessa elämässä ja ties mitä Saatanan juonimia pelokkeita.
Vaikka elämänkierron perusjutut ovat olleetkin tiedossa, niin muutoin on melko pimeää talossa sisällä. Perusvalhe on kaikissa uskonnoissa olevaisen omalla yrittämisellä saavutettu itsensä jalostaminen taivaskuntoon.

Olemme Töllö varmaankin molmmat jo aikoja sitten hokanneet, että tämä ei ole Iskän kässärin mukainen juttu ollenkaan. Olevainen ei voi saavuttaa taivaallisia ilman taivasyhteyttä. IkiPöllö tietää, että kaikissa uskonnoissa on runsaastikin olevaisia, joiden sydän on avoinna Pomon kanavalla, ja yhteys pelaa aina taivasmatkaan saakka.

Tulee aika jolloin Iskä sallii Jeesuksen vapauttavan sanoman saada riemuvoitto kaikissa kulttuureissa kaikkialla maan piirissä. Työtovereinaan Hänellä on näkyvässä muodossa Pomon kanavalla surffailevat olevaiset, jotka sydän lämpöisenä vievät vapauttavaa viestiä lajitovereilleen.

Juutalaiset torjuvat

Nyt IkiPöllö huikan valottaa Töllölle Pomon aikaisia käsityksiä.
Juutalaisten historiassa oli useitakin vaiheita joissa he olivat toisen kansan alamaisuudessa ja monesti saivat sortavaa kohtelua osakseen. Raamatussa luvattu tuleva Messias oli heidän toiveissaan ja opetuksessaan saanut ylleen erilaisen viitan, kuin mitä Iskä oli Raamattuun kirjatulla kässärillä tarkoittanut ja miten asiat todellisuudessa olivat.

Juutalaiset eivät odottaneet maanpäälle syntyvää Jumalan poikaa. Jumalan profetioissa ilmoittama vapauttava viesti tarkoitti heille vapautusta maanpäällisestä sorrosta. Juutalaiset pitivät itseään jo kelvollisina taivaallisiin, koska heillä oli laki, ja he sitä hyvinkin pyrkivät noudattamaan. He odottivat Isä Jumalan apua ainoastaan maallisten olojensa kohennukseen.

Nyt kun Pääpomo oli syntynyt olevaisten keskelle, heille oli lähes mahdotonta kuvitella, että Messiaan toiminta olisi Pomon toiminnan kaltaista. Kuinka Messias voisi olla sellainen, joka lähes pilkkaa Iskän heille antamia lakeja ja on vastaan Mooseksen opetuslasten opetuksia. Ei ei. Tämän miehen tekojen täytyy olla Saatanasta. Hän diggaa syntisiä ja pilkkaa fariseuksia.

Asiat ovat ikään kuin nurinpäin ja päälaellaan. Niinhän ne ovatkin. Sen jokainen Pomon kanavalla operoiva ymmärtää.

Tästä ukkelista on parasta tehdä selvää heti kun tulee sopiva tilaisuus. Näin juutalaiset funtsivat fariseusporukassa. He olettivat aidosti tekevänsä palveluksen kansalleen, jos hankkiutuisivat häiriköstä eroon tavalla jos toisella.

He eivät kuitenkaan tahtoneet murhata Pomoa, vaan tavoitteena oli löytää laillinen syy likvidointiin. Mooseksen lain mukaan Jumalan pilkka on sellainen.

Te ette usko minua, koska ette ole minun lampaitani, sanoi Pomo juutalaisille. Lampaani kuulevat ääneni. Niille jotka kuulevat minun ääneni minä annan ikuisen elämän. Annan heille ikuisen elämän, eikä kukaan koskaan joudu hukkaan. Iskä on antanut heidät minulle, eikä kukaan riistä heitä minulta.

Juutalaiset alkoivat kerätä kiviä. Pilkkaat Jumalaa, kun teet itsesi Jumalaksi.

Sitä yhdistelmää, että Pomo ja Iskä ovat yhtä, kuten Pomo juutalaisille kertoi, heidän oli mahdotonta hyväksyä. Joku olevainen muka Jumalan kanssa yhtä, ja näin Hänen veroisensa.

Se ei sopinut silloin, eikä tälläkään hetkellä sovi juutalaiseen pääkoppaan.

Iskä on minut pyhittänyt ja lähettänyt maailmaan. Uskokaa tekojani, jos ette muutoin voi uskoa.

Juutalaiset olivat raivoissaan ja yrittivät ottaa Pomon kiinni.

Pomo herättää Lasaruksen

Tämä tunnusteko on etukäteen suunniteltu Jumalan kunniaksi. Kun viesti Lasaruksen sairastumisesta saavuttaa pomon, Hän on täysin levossa, koska tietää Lasaruksen kuolevan, ja mikä on Hänen tehtävänsä siinä tilanteessa. Jeesuksella on koko taivaallinen arsenaali käytettävissään kirkastaessaan Iskän kunniaa.

Joka elää ja uskoo minuun, ei ikinä kuole.

Tällaista sanomaa ei milloinkaan ennen olltu maanpiirissä kuultu. Mitä sanot Töllö, onko tuo helposti vastaan otettava viesti, vaiko aivan huuhaata. Jumalisesti eläneet esi-isät ovat kaikki kuolleet, ja nyt tämä hurmoshenkinen villitsijä väittää, ettei Hänen seuralaisensa kuole.

Tämä ennen huutamaton viesti oli, ja on todellista totta silloin ja tässä nyt. Ei kuole.

Kuka ei ota Luojaansa vastaan kun Hän tarjoaa yhteyttään ja matkalippua kotiin, pysyy kuolemassa.

Taivaallisesta näkökulmasta maan eläväiset ilman yhteyttä taivaallisiin ovat kuolleita.

Valo ja elämä ovat taivaallisia tuotteita. Maanpiirin asukkaille ei ole mahdollista paljonkaan ymmärtää taivaallisen elämän laatua ja olomuotoa. Hengellinen olomuoto on kuitenkin paljon todellisempi kuin olevaisten fyysinen olemus joka hajoaa kuoleman jälkeen maahan.

Olevaiset ovat Raamatun maallisten ja narsististen tulkintojen lumoissa viemässä liharuumista taivaallisiin ylösnousemuksessa.

Kyllä IkiPöllö on kierrellessään ja kaarrellessaan tätä maailman kaikkeutta ristiin ja rastiin aina aikojen alusta alkaen nähnyt toden totta monen moista sössönsöötä.

No, tähän harhaan on antanut mahdollisuuden useatkin tapahtumat. Kuolleista herättämiset, muutamat lauseet Raamatussa, sekä Pomon ylösnousemuksen jälkeiset näyttäytymiset läheisilleen.

Ikipöllö jälleen muistuttaa, että Raamattu on niin monivivahteinen teos, että kaikenlaiset ymmärrykset ovat sen pohjalta mahdollisia. Jokainen tulkitsee omasta kontekstistaan käsin. Tietysti näin on. Kuinka muutoin voisikaan olla.

Tässä piilee suuri Iskän viisaus. Jyvien ja akanoiden juuret ovat samassa pellossa, mutta kasvuvoiman ne ottavat eri valonsäteistä. IkiPöllö rakastaa pyhää yksinkertaisuutta, ja kyselee usein onko kaiken pakko olla niin monimutkaista ja helposti eksyttävää.

Parasta lienee kuitenkin taivuttaa oma ymmärrys hyväksymään, että joitain Iskän suunnittelemia juttuja on vaikea, ellei mahdotonta ymmärtää.

IkiPöllö luulee asian olevan jotensakin sillä lailla, että tämä monen kaltaisten tulkintojen mahdollisuus ohjaa, ja melkein vaatii, olevaisia tunkeutumaan syvälle oman minuuden syvyyksiin.
Siellä syvyydessä asuu elämä, ja väylän avaaminen sinne avaa tien myös Pyhän Hengen yhteydelle.
Jos Sanan sanoma olisi helpolla tavalla tulkittavissa, se otettaisiin vastaan sielullisella tasolla, ja yhteys jäisi avaamatta, sekä taivastien portti pysyisi suljettuna.

Pomo oli täydellisesti kaikkine tunteineen myös tosi ihminen. Hän itki Lasaruksen haudalla eksistentiaalisen kivun, sekä omaisten surun kohdatessaan.

Ottakaa kivi pois haudan suulta.
Jos uskot, saat nähdä Jumalan kirkkauden.
Isä, minä kiitän sinua, että olet kuullut minua. Tiedän, että kuulet minua aina. Sanon tämän näiden ympärillä olevien tähden, jotta he uskoisivat sinun lähettäneen minut.
Pomo huusi, Lasarus, tule ulos.

Pomo päätetään surmata

Useat niistä juutalaisista jotka olivat läsnä Lasaruksen herättämisessä, tajusivat Pomon erikoislaadun ja uskoivat häneen. Etenkin johtavassa asemissa olevat juutalaiset pelkäsivät Pomon sotkevan heidän koko kuviot, ja tietenkin he etunenässä he eivät tahtoneet oman hurskaan statuksensa kärsivän, tai jopa menettävänsä kokonaan uskonnollisen auktoriteettinsä.
Ylipappi teki tilanneanalyysin, ja esitti käsityksenään katsoa koko kansan etua myös tässä tilanteessa. On parempi, että yksi mies kuolee, kuin että koko kansa kärsii hänen tähtensä.
Neuvosto teki päätöksen. Miehen on kuoltava.
Olevaisten keskuudessa usein ajatellaan, että hyvän johtajan tulee osata ja hallita kaikki se, minkä hän alaisiltaan odottaa ja vaatii. Sellainen johtaja joka astuu alaistensa rinnalle suorittamaan työtehtäviä tasavertaisena toimijana, saa varauksettoman kunnioituksen osakseen.
Kun Pomo loi olevaiset, ja sitten myöhemmin maan heidän asuipaikakseen, oli alusta alkaen selvää, että johtaja itse kulkee joukkonsa johtajana, ja kokee kaikki matkan ilot ja surut heidän rinnallaan.
Vain näin on Hänen mahdollista sydämen syvyyksissä ymmärtää johdettaviaan. Hän on edellä kulkija myös hyvässä johtajuudessa. Johdettavilta voi pyytää enintään samaa minkä itse osaa ja on suorittanut.
Vanhan Testamentin kuvaamien tapahtumien aikana, ja aina maan perustamisesta asti, Pomo oli

kaikessa ohjaamassa, huolehtimassa ja johtamassa olevaisia edelliseltä pysäkiltä seuraavalle.

Pomo itse on se pilvissä puhuva ja joskus jyrisevä Jumala, josta Vanha testamentti kertoo monipuolisesti ja värikkäästi.

Sitten tuli aika Iskän käsikirjoituksen mukaisesti seuraavan vaiheen vuoro. Pomon oli määrä jälleen olla edelläkulkija joukkonsa kärjessä tässä nyt hyvin radikaalissa taitekohdassa.

Tavallinen olevainen, kymppi, työnjohtaja, osastopäällikkö, aluejohtaja, pääjohtaja, ylipääjohtaja ja kaiken luoja ja holhooja, siitti oman kehonsa siirtämällä Joosefin siittiöitä Marian kohtuun.

Neitsyt tuli raskaaksi. Monet dramaattiset vaiheet saattelivat aikuiseksi ihmiseksi kehittyvää Jumalaa. Hän itse tykkää usein käyttää nimeä Jumalan Poika, tai Ihmisen Poika.

Nyt oli toteumassa se teloitus ristinpuulla, joka oli jo ennen kaikkia aikoja kässäriin kirjoitettu.

Jeesuksen oli määrä näyttää tässäkin tilanteessa edellä kulkijana mallia ja tietä luoduilleen.

Ristin kuolemassa Jeesus näytti konkreettisesti tien maanpiiristä taivaallisiin. Hän avasi mahdollisuuden olevaisille saada yhteys Häneen itseensä Hengen tasolla, ja tietysti samalla myös Iskään ja Pyhään Henkeen. Hän kulki edellä ja raivasi aukon läpi maailman sielullisen elämän muurin, joka erotti "taivaalliset" sydämen syvyydessä asuvasta iankaikkisesta Hengestä.

Ilo taivaissa oli suuri. Nyt se alkaa, he sanoivat. Paluumuuttajien valmismatkojen julistus ja esittely alkoi heti Pomon ristinkuoleman jälkeen.

Nyt IkiPöllö koettaa sinulle rakas Töllöseni, vajavaisella sanastollaan kuvailla miksi maaelämä on yleensäkään tarpeellinen. Miksi kaikki tämä olevaisille kipua ja kärsimystä tuova vaihe on niin tärkeä, että tämä kaikki on mielekästä. Pomokin joutui kärsimään ristinkuoleman.

IkiPöllölle on kirkastunut tämän maaelämän tarkoitus osapuilleen näin. Tämän olemisen aikana jolloin olen kierrellyt ja kaarrellut tätä maailman kaikkeutta pitkin ja poikin, aina aikojen alusta alkaen, olen saamani tehtävän mukaisesti tarkkaillut olemisen kehityspolkuja intensiivisesti.

Luomisessa Pomo loi olevaisten Hengen. Iankaikkisen Hengen olevaiseen, joka on pala, pieni siru, Jumalan koodi olevaisen hengessä. Hänen kuvansa koodi, jonka kaltaiseksi olevainen on tuleva lukuisten eri vaiheiden kautta matkalla takaisin taivaallisiin.

Nyt kun piipahdetaan katsomaan taivaisiin, millaisia siellä asustelevat olennot ovat, niin huomaamme heillä olevan iankaikkisen henkensä verhona kirkastetun sielun, kuin kauniin läpikuultavan vaatteen. Jokaisen sieluverho on ainakin hieman erilainen. Hohteiset värit taittuvat valossa hyvin erikoisesti ja kauniisti. Tämä johtuu siitä, että valolla ei ole havaittavaa lähdettä, vaan se ikäänkuin on ja tulee kaikkialta.

Vastaluodulla hengellä ei ole lainkaan sieluruumista. Henki tarvitsee sieluruumiin. Jokainen luotu Henki on hieman erilainen, mutta vain hiukkasen, pikkisen. Sieluruumiin tulee kehittyä Hengen "ympärille". Sieluruumis personifioi yksilön omaksi itsekseen. Se luo ikioman identiteetin jokaiselle.

Sieluruumis kehittyy olevaiselle pitkän maaprosessin aikana. Tästä olemme jo puhuneet. Maaelämässä rakentunut sieluruumis on muutoin ok, mutta se on kirkastettava hengelliseen olotilaan. Se on antimaterialisoitava. Pyhitettävä hengelliseen olomuotoon.

Pomo edelläkävijänä luopui ristinkuolemassa materiaalisesta ruumiistaan, ja nousi haudasta entiseen olomuotoonsa rikastettuna materiaalisen sielunelämän kokemuksilla. Näin Hän voi ymmärtää olevaisia kaikissa heidän kivuissaan ja kärsimyksissään, ja tietysti myös heidän iloissaan.

Maallinen sieluruumis on karkeaa puoliaineellista tekoa. Kun sitä verrataan taivaalliseen, se on samea ja heikosti läpinäkyvä. Omasta olostaan kiinni pitäminen kuuluu luomakunnan järjestykseen kaikissa olotiloissa. Muutoinhan se ei pysyisi koossa lainkaan.

Nyt kehittyneen sieluruumiin tulee kuitenkin päästää irti itsestään, jotta se voidaan kirkastaa Pyhällä Hengellä.

Prosessin ymmärtämiseksi IkiPöllö kuvaa sieluruumista myös seuraavalla tavalla. Jos taivaallinen enkeli tulee eteesi näkyvässä ruumiissa, sen hengellinen ruumis on tihentynyt, materialisoitunut hetkeksi sitä tehtävää varten, jota hän on tullut suorittamaan. Toimen jälkeen hänen ruumiinsa jälleen antimaterialisoituu edelliseen olomuotoonsa. Tämä ei ole lainkaan harvinaista.

Olevaisen sieluruumis alkaa valaistua ja hieman antimaterialisoitua kun hänen sielunsa maallinen panssari avautuu ja Pomon Henki pääsee yhteyteen olevaisen hengen kanssa.

Olevainen uudestisyntyy. Hän tulee uskoon, kuten sanotaan. Hän alkaa nähdä tämän elämän läpi ainettomaan hengelliseen todellisuuteen, joka on paljon todellisempi kuin tämä maallinen aineellinen verho.

Nyt elävä ja toimiva yhteys Iskän Henkeen vaikuttaa olevaisen hengessä. Maallinen sielu alkaa enemmän tai vähemmän hengellistyä sisältäpäin jo maallisen elämän aikana. Kamppailu sielusta yksilön sisällä on usein kova ja todellinen. Sameampi sielun osa pitää kiinni itsestään. Näin tämän kuluu ollakin. Pomoon turvautuva saa aina pyytäessään lisää hengen voimaa, näkökykyä ja motivaatiota tässä kamppailussa.

Kun ruumis kuolee, sielu irtoaa Hengen kanssa ruumiista ja matkaa kohden taivaallisia. Jos uudestisyntyminen on tapahtunut, sielusta karsitaan matkalla taivaallisiin kelpaamaton, liian karkea osa pois. Sitten sielu kirkastetaan kokonaisuudessaan taivastilaan kohden uusia seikkailuja.

Jos olevainen ei ole kuollessaan uudestisyntynyt, sielu ja Henki matkaavat Helvettiin, jossa poltetaan karkeat osiot pois Hengen ympäriltä. Tämä on usein kivulias prosessi, koska sielu ei mieluusti luovu itsestään. Tämä sama kuoleva sielu on valhe minän sielu. Todellisuudessa sitä ei ole lainkaan olemassa, koska sillä ei ole koossapitävää ydintä. Tämän maallisen kirkastumattoman sielun osaset ja ainekset ovat rakentuneet maailmallisista kulttuuri-

palasista. Maallisen taipaleen aikana se on kasvanut olemisen koossa pitävän Hengen yhteydessä. Koska Henki ja tämä karhea sielu ovat eri värähtelytasoalla, ne eivät voi jatkaa yhdessä kuoleman jälkeen.
Olevaisen ydin, henki jää odottamaan hieman menneestä elämästä "rikastuneena"seuraavaa elämää.

Mikään maailman kaikkeudessa ei kuitenkaan katoa. Sameat sielun osat hajotetaan ja niiden olemassa olo jatkuu toisaalla, ilman muistoa menneestä. Niillä ei ole enää mitään persoonallisuutta. Ne ovat kuin rakennuksesta puretut tiilet. Ne eivät ole talo millään tavalla. Helvetti on tärkeä ja kaikille hyvä paikka.

Pomolla oli oma hurja taistelunsa viimeisessä maallisessa koetuksessa ihmisenä. Getsemanessa Hän hikoili verta psyykkisessä ahdistuksessaan. Jokaisella olevaisella on oma Getsemanensa.

Tämä on se reitti jonka Pomo avasi ristinkuolemassa. Olevaisen ei tarvitse kuten Luojansa, marttyyrejä lukuunottamatta, kokea teloituskuolemaa. Riittää kun antaa sielunsa Hänen hoitoonsa. Iskä eikä PääPomo milloinkaan hylkää ainoatakaan luotuaan. He rakastavat jokaista pyyteettömällä rakkaudella.
Tämän on IkiPöllö nähnyt ja oppinut kierrellessään ja kaarrellessaan tätä maailmankaikkeutta ristiin ja rastiin aina olemisen alkumetreiltä alkaen.
Sama Armo kannattelee myös IkiPöllöä näissä kiertelyissään ja kaarteluissaan. Sen noste on kuin lämmin tuuuli, jonka varaan voi heittäytyä iloitsemaan elämästä.

Levittämällä siivet aivan avoimeksi, voin hieman ohjalla kaarroksia ja kiertely saa seikkailun luonteen. Aamen ja halleluja.

Pomo voidellaan

Huh huijaa. Nyt alkaa olla juutalaisilla jo kovat piipussa.

Maria voiteli rakkaan opettajansa jalat kalliilla öljyllä. Pahiksen osaan joutunut Juudas koetti estellä Mariaa öljyn kalleuden vuoksi.

Jos katsellaan Juudasta ja Jeesusta läntisen ristillisen uskonnollisuuden luomien käsitysten pohjalta, on tilanne käsittämätön ja armoton. Jeesus oli ottanut joukkoonsa Juudaksen, jonka tiesi alunpitäen joutuvan milloinkaan päättymättömään Helvetin tuleen. Yhteen sovittamaton ristiriita Pomon ja Iskän persoonien ja ominaisuuksien kanssa.

Pomo on luotujaan rakastava, eikä todellakaan hylkää ketään milloinkaan. Jotta Iskän kässäri toteutui, jonkun oli otettava tämäkin rooli esitettäväkseen.

Tiedämme ja ymmärrämme nyt miksi Pomo saattoi monesti todeta kylmän viileästi yhden opetuslapsista olevan kadotuksen lapsi. Näinhän tilanne oli lähes kaikkien Pomon tapaamien olevaisten laita.

Ylipapit päättivät likvidoida myös Lasaruksen varmuuden vuoksi.

Pomo karauttaa aasilla Jerusalemiin

Sana Herramme tunnusteoista oli levinnyt laajalle olevaisten tietoisuuteen.
Lasaruksen herättäminen kuolleista oli suurin niitti fariseusten päätökseen teloittaa Jeesus.

Kun Jeesus lähestyi Jerusalemia, Hänelle tuotiin kirjoitusten mukaisesti nuori aasi, jonka selkään Hän nousi. Juhlijoita oli kerääntynyt runsaasti tien varteen juhlimaan saapuvaa kuningasta.
Koko maailma juoksee hänen perässään, totesivat fariseukset kauhuissaan.
Jeesus tietää tarkalleen mitä on tulossa.

Pomo puhuu kuolemastaan

Jos vehnänjyvä ei putoa maahan ja kuole, se jää vain yhdeksi jyväksi, mutta jos se kuolee, se tuottaa runsaan sadon. Joka rakastaa elämäänsä, kadottaa sen, mutta joka tässä elämässä panee alttiiksi elämänsä, saa osakseen ikuisen elämän.

Kun Jeesus funtsi tulevia hetkiä, Hän joutui kauhun valtaan. Inhimillinen kärsimyksen ja kuolemanpelko pyrki valtaan, mutta Pomo torjui sen päättäväisesti luotaan.
Juuri silloin Iskä puhui Hänelle taivaista. Muut läsnäolijat eivät erottaneet sanoja. He kuulivat vain jyrähdyksiä, kun Iskä lupasi kirkastaa nimeänsä Jeesuksen kautta.

Nyt tämän maailman ruhtinas syöstään vallasta. Pomo vakuutti kuolemansa jälkeen vetävänsä kaikki mukaansa taivaisiin.

Näin Pomo toimii tänäkin päivänä. Hän poimii kypsynyttä viljaa taivaallisiin joukkoihin.

Olevaisten epäusko

Iskä oli Jesajan kautta jo paljon aiemmin ilmoittanut kässärinsä tälläkin kohtaa. Olevaisten silmät ovat sokaistut ja sydän paadutettu, jotta he eivät näkisi ja kääntyisi, eikä Iskä näin parantaisi heitä.

Eikö olekin Töllö melko erikoinen toive Iskältä. Hän joka tahtoo ja vakuuttaa joka nokan löytävän tien takaisin kotiin taivaisiin. Tässä sitä on ollut uskonnollisilla keksijöillä selittämistä. Kuinka näin voi Iskä toimia. Evää olevaisilta pelastuksen tällä tavalla.

Meitä tämä ei erityisemmin hämmästytä, koska meille on suotu armo saada hitunen ymmärrystä tämän Iskän systeemin jutuista. Tämä ymmärrys on nyt kylläkin tarjolla jokaiselle halukkaalle. Iskän kässärissä on tällä kohtaa exodusta lupaus uuden ymmärryksen oven avaamisesta. Sitä pitää raottaa varovasti ja harkiten. Tätä raotusta voi käyttää väärin, niin kuin lähes kaikkia juttuja tässä elossa. Mutta ei huolta. Iskä ja Pomo taitavat tämänkin suvereenisti.

Sinulla on posket alkanut hieman punottaa Töllö. Taidat olla innostunut visioista jotka ovat kiertyneet pääkoppaasi näitä katsellessasi ja miettiessäsi.

Hieman olen ihmetellyt, kun et ole juurikaan vetänyt provosoitumista nokkaasi, vaikka olemme katselleet elämän juttuja jotka helposti voisivat kuumentaa tunteita. Iloitsen kasvustasi Töllö. Sinä olet varmaankin saanut sydämen laajentuman.

Monet hallitusmiehetkin uskoivat Jeesukseen. He kuitenkin pysyivät variseusten leirissä, koska he valitsivat ihmiskunnian Pomon sijaan.

Joka on nähnyt minut, on nähnyt Isän, huusi Jeesus.

Usko, Jeesuksen näkeminen, oli ja on lahja, jota ei kukaan omilla toimillaan voinut, eikä voi ansaita.

Pomo antaa uskon ja poimii jokaisen hedelmän juuri oikealla ajalla.

Pomo pesee jalat

Jeesus oli tapahtumien kartalla koko ajan. Ristinkuolema oli muutaman kulman takana. Pomo oli tullut Iskän luota, ja oli nyt palaamassa takaisin Hänen luokseen. Tehtävä oli suoritettu viimeistä kauhistuttavaa hetkeä paitsi.

He olivat kokoontuneet aterialle. Jeesus nousi ylös. Hän alkoi pestä opetuslastensa jalkoja.

Pietari yritti kieltää jalkojensa pesun. Et sinä Herra pese minun jalkojani.

Jos minä en pese sinua, sinulla ei ole sijaa minun luonani, vastaa Pomo.

Samoin kun silloin, on nykyisinkin olevaisten vaikea käsittää tätä juttua oikein.

Jeesuksen on pestävä Hengellään maallisen elämän arvot ja pölyt matkaajan jaloista.

Jos sydän saa elää armossa ja taivaallisissa, se ymmärtää, että pyyteetön rakkaus murtaa kaikista materiaaleista rakennetut muurit, ja avaa polkua taivaallisten yhteyteen. Jalkojen pesu on taivaallisen veljeyden tunnus, joka konkretisoi rakkauden.

Se on se rakkaus, joka virtaa Iskän sydämeltä, ja murretussa sydämessä on tilaa Pomon rakkauden valtaisalle sanomalle.

Kavaltaja

Ihmisenä Pomo oli tunnekuohussa, kun Hän ajatteli opetuslasta, jolle oli langennut tehtävä toimittaa se pahiksen tehtävä, jonka duuni oli ohjata Pomo fariseusten kynsiin. Tämä tapahtuma oli kässärissä kirjoitettu näin, että porukassa oli opetuslapsi, joka oli petturi. Kässäri oli siis kirjoitettu jo ennen maailman luomista.

IkiPöllö ymmärtää asian jotensakin näin. Kun pomo sanoi Juudakselle, että tee se pian, niin Juudas oli niin harhautunut, että luuli tekevänsä Herralle hyvän työn. Kun fariseukset tulevat, niin silloin Jeesus näyttä voimansa. Siitä alkaa todellinen vallankumous. Minä saan olla avainasemassa, kun Herrani työ saa uuden ja radikaalin käänteen. Olen tärkeä ja pätevä mies, koska Hän valitsi ratkaisevaan tehtävään juuri minut. Olen onnenpekka. Saamme pian nähdä kuinka Pomo listii vastustajansa. Millähän tavalla Hän sen tekee?

Tämä on todella epäreilu ja härski teko Juudakselle, jos ei tunne taustoja. IkiPöllö ei väitä nyt kovinkaan tarkasti ymmärtävänsä juuri tätä Juudaksen juttua, mutta olettaa asioiden olevan jotensakin tällä tavalla.

Olevainen nimeltään Juudas Iskariot, joka eli maailmassa juuri tällä Jeesus hetkellä, omisti sellaisen historian edellisistä elämistään, jotka ohjasivat hänet tähän rooliin maailmanhistorian ehkä merkittävimmällä hetkellä. Mietipä Töllö, että Iskä oli tämänkin jutun, Juudaksen, asettamisen kavaltajan rooliin, kirjoittanut kässäriin jo ennen kaikkea olemistä tältä planeetalta katsottuna. Nyt tulee Töllö huomata ja muistaa, sellainen seikka Iskän toimintavoista, että Hän aina toimii rakastavasti jokaisen parhaaksi.

Tavallisen tallaajan ymmärrys ei mahda useinkaan tavoittaa sitä toiminta vilosohviaa millä milloinkin mennään. Parhaimmillaan elämässä mennään uskonluottamuksen varassa. Maallinen mieli eikä näkökyky ylety maanpiirin ulkopuolelle. Se takertuu lihallisen mielen maisemaan, joka sulkee pois muut olemassaolon ja tajunnan mahdollisuudet.

Juudas sai pahan pahiksen roolin, koska näin oli kirjoitettu. Uskon Iskällä olevan jonkinlaista boonusta Juudakselle kun hän on selvinnyt helvetistä ulos.

Juudas on Iskälle ja Pomolle juuri yhtä rakas kuin kaikki muutkin. He eivät hylkää ketään milloinkaan.

Tässä oli nyt hieman fiktiota, koska IkiPöllö sympatiseeraa pahiksia koska eiväthän he ole missään elämän tilanteessa sen enempää pahiksia kuin muutkaan. Hehän ovat menneiden ja nykyisen yhteisönsä tuotosta. Pomokin on aina heidän puolellaan. Maailmallisuus ei ole saanut useinkaan täyttää heidän sydämensä syvimpiä kysymyksiä. Taivaalliset sopivat hyvin heidän janoisiin sydämiinsä. Pomon sanojen mukaan he menevät ennen muita taivaallisiin.

Tässä nyt tarkoitan ensisijaisesti niitä pahiksia, jotka ovat hyvien olevaisten silmissä pahiksia. Siis syntisiä.

Kukaan ei kärsi turhaan milloinkaan. Joskus tie mutkikas ja tekee kipeää sitä astella. Useinkaan olevainen ei voi ymmärtää niitä kärsimyksiä joihin hän joutuu.

Syvä elämänymmärrys avautuu vasta kun Pomo saa avata taivaskanavan sydämen kyllästyttyä elämän täyttäneeseen roinaan, joka ei ole tuottanut elämää. Uudestisyntymä avaa taivaalliset.

Pomo itse sanoo: kun tunnette minut, ette kysy enää mitään, ettekä ole kenenkään opetusta vailla.

Minä opetan teitä. Pyhä henki opettaa teitä, uudesti synnyttää teidät taivaallisiin, eikä teiltä puutu enää mitään.

Silloin ei enää tarvitse kysellä Juudaksenkaan kohtalon tai muun oikeudenmukaisuuden perään. Silloin teille on annettu ymmärrys kaikkeuteen. Iskä tekee kaiken mahdollisimman vähillä kivuilla ja ennen kaikkea oikeudenmukaisesti. Hän ei hylkää ainuttakaan. Rakkausapparaatti jauhaa ikiliikkujan tavoin hyvää hedelmää kaikkeuden laariin.

Uusi käsky

Kun IkiPöllö on kierrellyt ja kaarrellut tätä maailman kaikeutta ristiin ja rastiin pitkin ja poikin aina aikojen alusta alkaen, on tullut nähtyä monenlaisia virityksiä, joita on yritetty rakkaudeksi kutsua.

Olevaiset ovat yrittäneet näytellä rakkautta maan materian avulla niille, joille heidän tulisi yleisen kulttuurisen koodin mukaan osoittaa rakkautta. Rakkaus jota Pomo tarkoittaa uuden rakkauskäskyn antaessaan, tarkoittaa tietysti sitä rakkautta joka virtaa taivaallisista. Iskältä, Pomolta ja heidän kätyriltään Pyhältä Hengeltä. Rakkauden syvää olemusta ei voine kukaan verbaalisesti ilmaista.

Se on se voima joka pitää koossa maailmankaikkeudet siinä missä yhden olevaisenkin. Tämän voiman nimi on rakkaus. Se aina on luomiensa puolella. Kuinka voisi toisin ollakaan.

Pahuutta ei ole olemassakaan, vaikka usein siltä tuntuukin. Saatana toimii Iskän ohjeistuksessa ja täydellisessä alaisuudessa. Tätä on kyllä IkiPöllönkin monissa kohdin vaikea käsittää. Näin se kuitenkin vaan on. Kasvukipuja kaikki tyynni.

Kaikki tähtää ja navigoi aina lopulta rakkauden päämäärän.

Kun rakentuu ymmärrys olevaisen matkasta hamasta iankaikkeudesta tähän hetkeen, ja tämän elämän tuokion jälkeiseen iankaikkisuuteen, on huomattavasti helpompi ymmärtää Saatanalle annettuja toimia olevaisten keskuudessa.

Voisitko Töllö yrittää kuvitella millaiseksi muodostuisi olevaisen elämä ilman Iskän vasemman käden ohjausta, siis Saatanaa.
Kun IkiPöllö pysähtyy tuota pohdiskelemaan, näyttäisi se hieman hassulta pieneltä suljetulta kehältä, joka pakahtuu omaan mahdottomuuteensa.

Iskän ehkä tehokkain rakkauskoulutusmenetelmä on kuningas kuolema. Olevaisen elämä on jaksoitettu eri mittaisiin kursseihin, sielunkoulutus ja rakennus kursseihin. Kurssi päättyy aina kuolemaan. Helvetissä pudotetaan naamiorakennelmat pois, ja jäljelle jää uutta elämää varten puhdistettu sielunosa ja Henki. Henkeä ei tarvitse tosin puhdistaa, koska henki on pala Jumalaa, eikä se muutu tai tahriinnu maan melskeissäkään.

Kun olevainen kapinoi elämässään tapahtuvaa asiaa, joka ei häntä miellytä, niin se kuuluu tärkeänä itsenäistymisen vaiheena juuri tässä asiassa. Kapinan ja koettelemuksen kautta löytyy yksilön todellinen oma identiteetti. Tämä on Iskän tavoite. Olevainen saa huudahtaa, minä olen olemassa, minä elän. Ihanaa. Olevainen on löytänyt elämänsä. Jumalan kuvan poikanen on syntynyt.

Nyt oli tultu hetkeen, jolloin Jeesus julkisti huipputarjouksensa. Esite tästä tarjouksesta oli lähetetty jakeluun jo useita satoja vuosia aiemmin. Se astuu voimaan sitten, kun Jeesus on ristiinnaulittu. Tule ja seuraa minua. Lähdetään kotiin Taivaaseen. Raota sen verran sielusi ovea, että Pyhä Henki sopii puikahtamaan sisälle sydämeesi uudesti synnyttämään sinut taivaallisiin.

Koulutus sai aivan uuden käänteen, kun Pomon lunastuskuoleman jälkeen tuli mahdolliseksi jokamiehen oikeus lapseuteen. Suoraan perillisen yhteyteen Iskän kanssa. Tämä käänne, uudestisyntymä, on mullistava muutos edellisiin elämiin ja mahdollisuuksiin nähden.

Polun vierellä ovat aivan uudenlaisena näytäytyvät elämän maisemat. Yhteys Iskään antaa mahdollisuuden todellisempaan elämän ymmärtämiseen ja kokonaisuuksien tulkitsemiseen.

Kun Pomo antoi uuden käskyn, rakastakaa toisianne, Hän antoi todella melkoisen käskyn. No jaa, voisi ajatella. Rakastetaan sitten kun kerran Pomo näin määrää. Kuten olet Töllö varmaankin jo hokannut, tämä uusi käsky sisältää kaiken. Toinen toisemme rakastaminen sisältää koko elämän. Joka rakastaa, täyttää lain, sanoo Pomomme.

Olevaisella ei ole, eikä Iskä myöskään oleta kenelläkään olevan, kykyä rakastaa ketään eikä mitään sillä rakkakaudella mitä Hän tarkoittaa. Tämän on tarkoitus johdattaa kykenemättömyytensä käsittävän hokaamaan oman perustavan laatuisen kykenemättömyytensä rakastaa.

Helppoina hetkinä on nautinnollista nähdä itsensä ja lähimmäisensä rakkauden aaltojen lempeässä keinutuolissa. Kun tulee raivoisa myrskysää, kaikki nämä fiilikset ovat kaikonneet. Sielua repivät ristiriidat ovat jäljellä entisestä, ja rauhan majatalon rikkirevityt seinälaudat uiskentelevat likaisessa virrassa.

Näin elämän on tarkoituskin rakentua. Omien rakkausfiiliksien kuuluu joutua roskikseen Iskän kaiken kattavan rakkauden tieltä. Iskän rakkaus on totuus ja armahtavan totuuden ääni.

Sen olevainen voi saavuttaa ainoastaan yhteydessä kaikkeudesta pulppuavaan elävän veden lähteeseen.

Pomo jätti mainion esimerkin olevaisille Pietarin sanojen ja toiminnan kautta.

Henkeni minä anna puolestasi. Tiedäämme kuinka Pietarille kävi.

Ilman yhteyttä Pomoon, jokainen sielullinen narsisti, siis normaali olevainen, tiukan paikan tullen kieltää mestarinsa. En tunne Häntä. Eikö olekin melko hauskaa hokata, että tuo lausahdus on silloin totta. Kukaan joka todellisesti tuntee Herran Jeesuksen, ei Häntä kiellä missään tilanteessa.

Kun IkiPöllö on pari sekuntia pohtinut äskeistä lausuntoa, niin täytyy vetäistä pakki päälle.

Kaikki on maanpiirin ruumiissa elävälle olevaiselle mahdollista.

Ja niin kukko kolmesti laulaa.

Tie, totuus ja elämä

Pomon tunteminen on se tie joka vie kotiovelle. Yhteys Häneen antaa eväsleivät jotka ovat keveät kantaa, koska niitä on vain yhden päivän annos kerrallaan. Nämä eväsleivät ovat syötäviä leipiä ruumiin ravinnoksi sekä hengellistä leipää, joka antaa valon päivään ja yöhön. Tätäkin evästä on matkassa vain päiväannoksen verran.

Jeesus sanoittaa selkeästi Hänen ja Iskän olemusten samankaltaisuuden olevan niin yhtälaisia, että nähdessään Pomon on nähnyt myös Iskän. Pomohan on syntynyt Iskästä. Hänet on ikäänkuin kloonattu, otettu tai irroitettu Iskästä, ja Hänessä on kaikki mitä Iskässäkin, ja Iskässä kaikki mitä Pomossakin. Jos olette nähneet Minut olette nähneet Iskän, sanoo Hän.

Pomo sanoo niiden jotka ovat kirkastetut ja uudesti synnytetyt Hänen hengellään, tekevän jopa suurempia tekoja kuin Hän. Toki näin, koska samat voluumit ovat silloin olevaisen käytössä kuin Pomollakin. Nämä tässä tarkoitetut teot, kuten ymmärrätkin Töllö, ovat varsinaisesti tarkoitettu merkeiksi ja uskon vahvistetuksi Iskän toimista ja yhteydestä maan kansalaisiin.

Yhteydessä elävä olevainen saa pyytää mitä tahansa, koska hän pyytää Iskän ja Pomon hengen mukaisia juttuja, ja ne Iskä toteuttaa. Näin se menee tämä elämä. Sellaista se elämä vaan on.

Lupaus Pyhästä Hengestä

Jos te rakastatte minua, te noudatatte minun käskyjäni.

Jos olevainen rakastaa Pomoa koko sydämestään, Hänen käskyjensä noudattaminen on helppoa ja

mieluisaa, koska Jeesuksen sydän sykkii olevaisen rinnassa yhtä jalkaa oman sydämen kanssa. Käskyjen noudattaminen ilman toimivaa yhteyttä taivaallisiin on aina farisealaista omavanhurskautta, koska silloin se kumpuaa sielullisesta yrittämisestä ja hyväksynnän hakemisesta.
Iskä ei tarvitse eikä toivo mitään sellaista. Hän toivoo ainoastaan lapsen tulevan viereensä avoimeen dialogiin. Ei ole parempaa paikkaa olevaiselle kuin Iskän läheisyys.

Iskä antaa Pyhän Hengen, todellisen joka paikan työkäsineensä toveriksi niille, jotka elävät Iskän piuhat kiinni sydämessään ja hengessään.
Sielullisen ja maailmallisen olevaisen kanssa Pyhän Hengen ei ole mahdollista toimia, koska Hän toimii ainoastaan hengen taajuudella. Hän kyllä toimii kaikkialla, mutta olevainen jonka henkeen ei virtaa Iskän Henkeä, ei saa viestejä, koska yhteyttä ei ole.

Kyllä IkiPöllön sydän riemuitsee Jeesuksen sanoista, kun Hän lupaa, että kohta taas näette Hänet ristinkuolemansa jälkeen. Tämä on järisyttävän upea hetki.
Olevaisen matka Iskän luota luomisen hetkestä läpi kehityshistorian, on tullut Iskän suunnitelman mukaisesti suureen taitekohtaan.
Tästä alkaen olevaisen on mahdollista saada ”Jumalan kuva” sinetti pitkän, tosi pitkän kotimatkan päättymisen kruunuksi. Sinetti painetaan olevaisen henkeen ja sydämeen. Yhteys Iskään pitkän pitkän matkan ja eron jälkeen on valtaisaa iloa.
Yhteys on hyvin konkreettinen. Pomo sanoo tämän hyvin konkreettisesti sanomalla: minä olen Iskässä,

te olette minussa ja minä olen teissä. Olevaisen ollessa vielä liharuumiissa, yhteyden konkreettisuus ei tietenkään ole sillä lailla alati havaittavissa. Tämä olevaisen elämän loppunäytös on samankaltainen kuin Pomonkin, mutta kevyessä muodossa. Luopuminen tämän maailman elämästä sydämen ja hengen tasolla, mutta kuitenkin iloiten olevasta elämästä ja sen antimista.

IkiPöllö joka on katsellut, kierrellyt ja kaarrellut tätä maailman kaikkeutta ristiin ja rastiin, aina elämän alkumetreiltä alkaen, sanoittaa tuota tapahtumaa näin: RISTIN VARJO ON KAIKKEIN KIRKKAINTA VALOA. Olevainen joka on naulinnut sielunsa ja henkensä Jeesuksen kanssa ristille rakkaussuhteessa Häneen, kukin omalla tavallaan, saa iloita kirkkaudesta, joka näyttäytyy varjon tavoin. Luopumisen varjo on kirkkainta valoa. Tällöin olevaisen on täytynyt kulkea läpi oman raadollisen elämänsä henkensä ytimeen asti, ja näin löytää minuutensa ydin. Jumalan kuva ja elämänsä käsikirjoitus itsestään. Silloin ilo on hiljainen, syvä, lempeä, kaunis ja särkymätön. IkiPöllöstä parasta mitä kiertelijä ja kaartelija saattaa nähdä ristiin ja rastiin käydessään, on nähdä ja tuntea se riemu, kun olevainen on palannut Iskän yhteyteen.

Pomo toteutti viimeiseen pilkkuun saakka Iskän kanssa sopimansa tehtävän. Olevaisen ainut todellinen ilo ja onni on samaa juurta kuin Pomonkin. Löytää oma elämänsä ja Iskän jo aikojen alussa tälle elämälle antama käsi-

kirjoitus. Kun elämä löytyy, olevainen alkaa toimia ilolla ja riemulla Iskän tahdon mukaan. Silloin olevainen ei ole enää lain alla, vaan vapaa.
Nyt hän omasta vapaasta tahdostaan valitsee Iskän opastaman tien ja tehtävät, jotka ovat hänelle käsikirjoitetut. Rakkautta ei voi kukaan ottaa vastaan muuttumatta.

Viiniköynnöksen oksat

Pomon loistavat kielikuvin kertomat vertaukset opettavat ymmärrystä taivaalliseen näkökulmaan.
Viinipuu juttu on mahtava. Voiko sitä paremmin sanoa. Jos pysytte minussa, teette hedelmää.
Taivaallisesta näkökulmasta hedelmää voi tehdä vain hän, joka elää Iskä yhteydessä. Kaikki maalliset hyvätkin jutut ovat arvotonta roskaa, koska ne tapahtuu tai tehdään ilman yhteyttä taivaallisiin.
Tässä kohdalla IkiPöllön täytyy ottaa taas sanoissaan hieman pakkia. Kaikki maallinen toiminta ja kulttuurinen kehitys on, ja on ollut kaiken perusta ja edellytys, jotta olevaisten kehitys saattoi rakentua siihen kehitysvaiheeseen, että Pomon syntymä ja lunastustyö tuli ajankohtaiseksi.
Näillä näkökulmilla, tässä tilanteessa, kun Pomo oli astelemassa ruumiinsa kuolemaan, Hän katseli tilannetta tietenkin silloin olevasta kontekstista. Siis miten tästä hetkestä eteenpäin.
Todellista ja taivaallisiin rakentavaa elämää on vain elämä yhteydessä viinipuuhun, Pomoon.

Tässä suhteessa kukaan ei voi tehdä mitään, jos yhteyttä ei ole. Minä olen viinipuu. Te olette oksat. Te ette voi mitään ilman yhteyttä minuun, sanoo Jeesus.

Sitten Hän hauskan kuvaavasti sanoo, että Hänessä olevista oksista on karsittava turhat rönsyt pois, jotta hedelmää tulisi enemmän. Tällä kuvauksella Hän tarkoittaa yhteydessään kulkevien olevaisten taipuvaisuutta maailmallisiin juttuihin. Kun turhia maallisia sössönsöitä Iskä oksastaa pois, niin taivaallista hedelmää tulee enemmän. Sama menetelmä on asiansa osaavalla puutarhurilla. Hedelmää tuottamattomat versot on hyvä oksastaa, jotta saadaan enemmän ja parempia hedelmiä.

Oksa joka ei ole Iskän ja Pomon yhteydessä eikä siis voi tuottaa taivaallista hedelmää, jatkaa eteenpäin kuten aiemminkin. Tuhat kelvottomat versot poltetaan pois Helvetin tulessa. Tämän jutun olemmekin Töllö, tarkastelleet jo aiemmin. Muistat varmaan kuvion.

Aina uudelleen IkiPöllön täytyy tolkuttaa Iskän kässärin tarkkuutta ja erehtymättömyyttä.

Jeesuksen eläessä viinipuussa pysyivät vain ne, joiden oli silloin määrä pysyä.

Kukin oksastetaan Pomoon ajallaan, silloin kun tähkäpää on kysynyt korjuukypsäksi.

Yhden ainoan elämän harhaoppi kulttuureihinkin sisältyy huikea kasvuun ohjaavan konfliktin viisaus. IkiPöllö muistuttaa kaiken kehityksen perustuvan konfliktiin. Iskä. Pomo ja Pyhä Henki plus jännitteenä kohtaavat olevaisessa Saatanan ja miinuksen jännitteen. Saatana on Iskän pojista toinen, se luotu, ei syntynyt. Hän on Iskälle rakas ja tärkeä. Hänen tehtäväkuvauksensa on hyvin erilainen kuin vanhemman veljensä Kristuksen. Kaikki tehtävät ovat tärkeitä, eikä toista nimetä toista tärkeämmäksi. Viimeisenä taivaallisiin palaa Lusifer jälkipään johtajana. Se hetki tulee joskus. Silloin on Kristus suorittanut loppuun tämän Hänelle uskotun maaprojektin.

IkiPöllö hieman pilke silmässä ennustaa maailmanloppua, ja sanoo sen olevan nyt olevan paljon lähempänä kuin maan luomisvaiheessa. Hepskukkuu. Näin se vaan on.

Rakastakaa toisianne, sanoo Pomomme.

Maailma vihaa Jeesuksen omia

Jokaisella olevaisella on syvällä sydämessään ja hengessään tietoisuus elämän olevan paljon muutakin tämä silmin näkyvä taaperrus.
Kun yhteyttä taivaallisiin ei ole, asetutaan ateistisen, kuolemaan päättyvän elämän puolustajaksi.
Siihen uskotaan sitten vahvasti. Tarve hallita elämää on merkittävän suuri. Kun yhteyttä taivaallisiin ei ole, yritetään tällä korjausliikkeellä ottaa hallinta huostaan, koska avoimeksi tätä kysymystä on vaikea jättää.

Nyt kun rinnalle ilmestyy olevainen joka elää taivasyhteydessä, syttyy viha häntä kohtaan.
Peruspontimena on kateus, joka tietysti kielletään. Kateus siitä, että naapurilla on se mikä kuuluisi olla myös minulla. Jos saan tuon häirikön pois päiviltä

tai edes ajetuksi kauas pois, saan taas elellä rauhassa. Plus napa on silloin riittävän kaukana, jotta napojen välinen jännite ei häiritse.

Viha ja kylmyys kertovat asian olevan hyvinkin tärkeän. Vihaajat ovat jo lähellä taivaallisia.

Vihan kohdatessa Pomon seuraajaa, mitataan hänen yhteytensä vakaus ja volyymi. Tämäkin on siis Iskän työkaluna toimiva konflikti asetelma.

Palvelija ei ole herraansa suurempi. Jos Herraa on vainottu, vainotaan palvelijoitakin.

Jeesuksen seuraajat erotetaan uskonnollisten olevaisten seurakunnasta.

Totuuden Henki

Maailma oli muhinut ja kehittynyt kohden täyttymystään. Tuon kehitysjakson ajan IkiPöllö on kierrellyt ja kaarrellut ristiin ja rastiin, aina idästä länteen, niin kuin salama leimahtaa, on hän ollut paikalla taistelujen strategisissa kohdissa.

Kaunis ja valtaisa on tämä, ja maailma täynnä olevaisten raivoisaa kasvukipua. On riemuisaa nähdä kuinka tästä rakkauden konfliktimyllystä astelee voittajia kohden uutta todellisempaa elämää.

Tässä myllyssä voittaja on hän, joka löytää elämänsä, ja luopuu siitä toisten hyväksi, kuten Jeesus.

Avainsanat ovat löytäminen ja luopuminen.

Totuuden Hengen on aika astua suorittamaan omaa rakkauden tehtäväänsä, kun Pomo on suorittanut läpimurron taivaallisiin.

Monimutkaista on varsinkin tuo olevaisen taipaleen loppusuora. Ristituli on melkoinen.

Ilman Totuuden Hengen avitusta, eksyminen uhkaisi lähes jokaista. Viittoja ja merimerkkejä tarvitaan, ja Iskän palvelija niitä mieluusti asettelee, sekä niiden merkitystä auliisti selittää, jotta olevainen voi tehdä oikeita valintoja. Takana on monta monta elämää ja runsaasti opettavaisia kokemuksia. On suurta lahjaa kotimatkalaiselle, saada taivaallinen näkökyky, jolla näkee, että rististä lankeava varjo, on kirkkainta valoa. Se valo torjuu tehokkaasti ja sulkee katkeruuden ja kitkeryyden polun, joka kutsuu kun koettelemukset riuduttavat taapertajaa.

Murheesta iloon

Te saatte itkeä ja valittaa, mutta maailma iloitsee.
IkiPöllö iloitsee tästä uutta luovasta ja puhdistavasta itkusta.
Löytäminen, luopuminen. Itku, suru, sydämen kipu.
Siinä on maallisen elämän sisältörakenne uutta luovan ja rakastavan Iskän käsissä.
Kun Iskä on synnyttänyt olevaisen läpi neulansilmän, niin kivun ja ahdistuksen jälkeen hän saa iloita kuin äiti lapsen syntymän jälkeen. Kaikki tämä on ollut kultaa kalliimpaa ja korvaamatonta.
Kiitosmieli täyttää sydämen.
Aiemmin kotimatkalaisella oli lukuisasti kysymyksiä joihin ei ollut löytynyt vastauksia.
Nyt olivat kysymykset tipotiessään.
Sinä päivänä ette kysy minulta mitään, sanoi Pomo.

Jeesus on voittanut maailman

Maailman voittamisella Pomo tarkoittaa yhteyksien eston poistamista.
Lusiferin valtapiiriin oli lävistetty polun kokoinen aukko Pomon seuraajien käydä taivaallisiin.
He jotka ovat oksastettu Jeesukseen, saavat pyytää mitä tahansa Iskältä Pomon nimissä, niin he sen saavat. Tämän tapahtuman rakennehan menee niin, että olevainen joka on Pomoon oksastettu,
hänessä vallitsee sama Henki, ja hän pyytää Iskältä vain asioita, jotka ovat Hengen tuottamia pyyntöjä, ja näin toteutettavissa.
IkiPöllö näkee olevaisten suuren hämmennyksen, kun maailman järjestykseen tuli muutos, joka poikkeaa radikaalisti totunnaisista kuvioista. Kun muutos koski vieläpä olemisen perusteita ja käsityksiä, niin viha ja vainoasetelma oli valmis. Kateus toisen saamasta onnesta ja rauhasta valtasi helposti mielen. Ehkäpä tunne tietystä epäoikeudenmukaisuudesta nakersi oikeudenmukaisuuteen pyrkivää mieltäkin. Kuinka minua ei ole kutsulistalla? Iskän kutsuissa ei kuitenkaan ole virheitä. Jokainen vuorollaan ja juuri oikealla ajalla. Näin saamme uskoa.
Maailmassa te olette ahtaalla, mutta pysykää rohkeina, minä olen voittanut mailman, sanoo Pomo.

Jeesuksen jäähyväisrukous

Pomon jäähyväisrukous on keskustelua Iskän kanssa ja samalla saarnaa ja opetusta kuulijoille.

Ikuinen elämä on siinä, että olevaiset tuntevat Pomon ja Iskän. Kuka tuntee Pomon, tuntee silloin myös Iskän. Tässä hän kertoo Iskälle välittäneensä olevaisille kaiken mitä Hänen tulikin puhua.

Tämä Jeesuksen johtaman pitkän ja valtaisan operaatio maan, suuri taitekohta oli tässä hetkessä läsnä. Taivaallisten joukkojen lisäksi tuskin kukaan muu sillä hetkellä ymmärsi hetken suuruutta.

Nyt kun Pomo oli elänyt olevaisen elämän, Hänellä oli henkilökohtainen tuntuma niihin polun kivikkoihin, joihin matkalainen niin usein liukastuu, ja menettää siinä rytinässä suuntavaistonsa kivun vihloessa sielua. Nyt Hän konkretiatasolla tuntee luotujensa elämän, ja voi näin paremmin juuri oikealla hetkellä ojentaa auttavan kätensä luodun tueksi.

Menneet maalliset elämät eivät suinkaan Pomonkaan mielestä olleet mitenkään turhia, vaikka Hän tässä jäähyväispuheessa paasasi vain taivaallisista. Kaikki mennyt ja oleva oli ja on tavattoman arvokasta ja tärkeää. Hänen luomiensa matka tähän hetkeen on tärkeä.

Jäähyväisrukous oli Jeesuksen juhlapuhe. Hänen viimeinen suuri opetuspuheensa, jossa Hän uudelleen ja uudelleen linjasi taivaan tietä ja yhteyttä eri näkökulmista.

Luomakunta oli ja on kuin Pomon opinnäytetyö Iskälle. Ikään kuin Pomon mietteitä Iskälle: Tässä tämä porukka nyt on, joka alkaa olla pian taivaskunnossa. Uudestisyntymän niittiä vaille. Olen kuljettanut koko porukan läpi valtaisan kehitysprosessin vauvasielusta monien elämien rakennusprosessien kautta kohden Sinun kuvasi kaltaisuutta Iskä. Tässä he nyt ovat. Lähelläni tässä ovat he, jotka olet päättänyt ensimmäisinä kutsua ylipäällikön päiväkäskyllä taivaallisiin. He liittyvät sotajoukkoihin eturivin jääkäreiksi valtakuntasi valloituspataljoonan valiojoukkoon. Pyhitä Iskä heidät Sanallasi ja voimallasi.

Sinä olet lähettänyt Minut, ja minä lähetän heidät. Sinun Sanasi on totuus.

Niin kuin Jeesus uhrasi ristillä ruumiinsa edellä kulkijana avaten taivastien, ja voitti näin

Saatanan vallan magneettikentän, joka ympäröi maapalloa pitäen kaiken itsekkäästi sisällään, näin tulee myös Hänen seuraajiensa tien kulkea. Luopua elämästään löytämällä Iskän hänelle tarkoittama elämän. Se on kuin kuolema. Ihana kuolema. Olevaisen ei tarvitse ruumiillisesti kuolla kesken elämänsä. Sielun ja sydämen luovuttaminen riittää.

IkiPöllö on nähnyt monenmoisia yrityksiä ohittaa sydämen luovutus jollakin korvaavalla "jäsenellä", mutta mikään muu ei pelitä. Mikään muu ei voi korvata sydämen siirtoa taivaalliseen omistukseen. Kaikki tai siirto kässärin seuraavaan kohtaukseen.

Pomo sanoo: Vielä vähän aikaa, ettekä te näe minua, taas vähän aikaa, ja te näette minut jälleen. Nyt IkiPöllön on nyt taasen avattava sitä ymmärryksen aittaa, jonka se on saanut kierrellessään ja kaarrellessaan tätä maailmankaikkeutta ristiin ja rastiin aina aikojen alusta alkaen, jotta saataisiin hieman tolkkua näihin itseään viisaina pitävien Raamatun opettajien sielullisiin oppirakennelmiin.

Sitä mitä IkiPöllö nyt sanoo, se ei suinkaan perustu vain siihen Raamatun kohtaan, jota juuri siteerasin, vaan IkiPöllölle annettuun tehtävään. Siis kierrellä ja kaarrella tätä maailmaan kaikkeutta ristiin ja rastiin aina aikojen alusta alkaen, ja tietyissä kohdin, Iskän ja Pomon kässärin mukaisesti avata muuhun elämän kontekstiin soveltuvassa hetkessä sen aitan ovea, jossa on tallennettuna tähän aikaan kuuluvan tulkinnan koodiavain.

Kun hieman pohditaan elämää ja olemista sieltä maan alkumetreiltä alkaen, ei tuottane ymmärrykselle vaikeuksia hokata, miksi olemisen ja elämän palettia avataan olevaisille juuri oikea pala oikeaan aikaan.

Tämän vuodatuksen kirvoitti IkiPöllön mieleen nuo Jeesuksen sanat: Taas vähän aikaa, ja te näette minut jälleen.

Olevaisten Pomoa koskevassa opetuksessa nääs ihan tosissaan väännetään juttua Pomon toisesta tulemisesta, vaikka Hän on kanssamme koko ajan. Oletan oppimestareiden, jotka ovat nuo tulkinnat tuottaneet, kuuluvan porukkaan jotka eivät Pomoa tunne. Jos tuntisivat, eivät voisi noin opettaa.

Iskän kässäriin on tietysti kuulunut sallia tuo karmea armoton opetus, joka lävistää olevaiset iankaikkisesti Helvetin kitaan. Se on kuulunut ohjelmaan näihin hetkiin saakka.

IkiPöllö tietää että tuomiopäivä tulee jokaisen kohdalle aina kun on sielu ja henki irronnut ruumiista. Tästä olen sinulle rakas Töllö ystäväni, jo aiemmin puhunutkin.

Raamatun opettajien saatanalliset säkeet kuuluvat jotensakin näin. Kun on tuo yksi ainut elämä vihelletty poikki, niin olevainen varastoidaan johonkin jemmaan aina siihen saakka, kun tulee maailmanloppu ja viimeinen tuomio. Siinä sitten lajitellaan porukat. Huh huijaa, sanoo IkiPöllö.

Nyt vaan on niin, että nämä Saatanan valheet ovat nyt suorittaneet sen tehtävän, jonka vuoksi Iskä on ne sallinut, ja nyt on aika avata ovi siihen aittaan, jossa säilytetään seuraavan askelman koodia. Voimassa olevat valheet ovat siis aiheuttaneet sen määrän konfliktia, joka niille oli kehitysrakenteessa määrättykin.

Paljonko vielä tämän jälkeen on sellaista konfliktia luovaa valheellista tietoa ja opetusta, sitä ei etukäteen IkiPöllönkään tarvitse tietää. On mikä on, ja se on silloin tarpeellista. Iskä ja Pomo johtaa ja tietää. Parasta näin.

IkiPöllö muistaa elävästi kuinka suuri oli hämmästys ensi kertaa, tuhannen tuhatta vuotta sitten IkiPöllö havaitsi olevaisten tietyn valhemekanismin. Saadessaan viestin vaikkapa Iskältä joko suoraan, tahi sitten kirjurirohveetan kautta, niin viesti muuttui häneltä eteenpäin lähtiessä. Se leimautui vastaan ottajansa sielunmaiseman kaltaiseksi. Kirjurirohveetan kautta välittynyt sanoma oli hieman hankalampi juttu, kun se oli kirjoitettuna saatu. IkiPöllö on tajunnut, että sanoma automaattisesti muuttuu siihen muotoon, joka sopii vastaanottajan sielunmaisemaan ja kulttuuriin soveltuvaksi.

Kukaan ei tarkoituksellisesti valehtele tai muuta sanomaa. Se vaan tapahtuu. No on se myönnettävä, että nämä Iskän systeemit eivät ole mitenkään helposti ymmärrettäviä.

Elämä maailmassa on ollut ja on edelleenkin julmaa, niinpä taivaalliset rangaistusvaatimuksetkin ovat rakentuneet samanmittaisiksi. Kerrasta poikki ja osoitelappu otsaan tai takapuoleen. Taivaaseen tai Helvettiin. Että sillä lailla. Sellaista se elämä vaan on, ja piste.

Jeesuksen vangitseminen

Tapahtumien käsikirjoitus on ylösmerkattu Iskän kässäriin jo Pomon luodessa olevaisten henkiä "miljoona biljoonaa" vuotta sitten.

Saatanan kätyriksi oli silloin valikoitunut olevainen joka nyt kantoi nimeä Juudas Iskariot.

Juudaksella oli tärkeä rooli ja tehtävä tässä suuressa taitekohdassa.

IkiPöllö ymmärtää Juudaksen ymmärryksen kulkeneen samaa latua juutalaisen ymmärryksen kanssa.

He odottivat Messiasta maalliseksi johtajaksi joka vapauttaisi kansan sorron alta.

Juutalaisille Messias ei ole Jumalan Poika eikä Luoja Jumala.

Nyt juutalaiset eivät tunnistaneet Jeesusta Messiaaksi, vaikka osa heistä kyllä halusi huudattaa Jeesuksen kuninkaaksi.

Juudas ymmärsi Jeesuksen olevan Messias. Koska hän oletti Messiaan toimivan kuten juutalaisuus odotti, hän ajatteli olevansa suorastaan huippu-tehtävässä tällä kyseisellä hetkellä.

Jeesuskin vielä sanoi hänelle siellä aterialla, että mitä teet, tee se pian.

Hän oli vakuuttunut , että Pomo juuri oikealla het-kellä täräyttäisi valttikortit pöytään, ja nujertaisi kaikki vastustajat suunsa henkäyksellä. Hänet oli porukasta valittu tärkeään tehtävään.

Jeesuksen kuoleman jälkeen hänelle paljastui tämä karmea erehdys. Kuvio ei mennytkään niin kuin hän oli kuvitellut. Hänen epätoivonsa päätti hänen elämänsä.

Iskällä oli varmasti syynsä valita tehtävään Juu-das. Joku piti valita.

IkiPöllö on varma , että Juudas ei elämänsä jälkeen ollut sen huonommilla eväillä matkassa kuin muut-kaan uudestisyntymättömät olevaiset. Kaikki kaik-kialla on ja lepää Iskän rakkauden ja armon aalloil-la, eikä ketään jätetä milloinkaan. Pomon velipoika Lusiferikin siellä marssii jälkipään valvojana mat-kaa hidastavia kommervenkkejä punoen matkalais-ten esteiksi.

Hän palaa viimeisenä kotiin taivaallisiin.

Tämän päivän menestysteologit ovat nykypäivän juudaksia, jotka eivät myöskään tunne Jeesusta, eikä niin ikään maailman hengellistä rakennetta. He odottavat Jeesusta maallisen menestyksen takuu-mieheksi, kuten Juudas Iskariot silloin.

Voi voi Töllö ystäväni. Kyllä tämä oleminen ja eläminen on niin monimutkaista ja usein niin vai-keaa ja hämmentävää. Tällainen yksinkertainen IkiPöllö aivan tuskastuu näihin labyrintin sokkeloihin, vaikka onkin kierrellyt ja kaarrellut, pitkin ja poikin, ristiin ja rastiin, tätä maailmankaikkeutta aina olemisen alkumetreiltä alkaen.

Pietari kieltää Jeesuksen

Olevainen elää elämäänsä sellaisessa mielen viidakossa, että usein pelkuruus ja olevaisten pelko pitää hyppysissään heikon vaeltajan. Kun katse hapuilee, ja majakan valo on sumuverhon takana, niin Pietarinkin venho kolahti kivikkoon, kun vaatimaton palvelijatyttö kysyi häneltä joukko-osaston nimeä. Tahi paremminkin arveli Pietarin kuuluvan Jeesuksen poppooseen.
Ei, en tunne sitä kaveria.

Hannas kuulustelee Jeesusta

Ajattelepas Töllö kuinka absurdin hurja tilanne on, kun luotu sokea sokeain taluttaja alkaa kuulustella luojaansa Hänen puhumisistaan ja tekemisistään. Jeesuksen tehtävätietoisuus ja päämäärän kirkkaus, sekä tämän toimintatavan välttämättömyys olivat ne seikat jotka saivat Pomon pysymään aisoissaan. Palvelijan lyönti Jeesusta kasvoihin. Vain rakastava Jumala sen kestää ilman raivoisaa provosoitumista. Kahleet eivät olisi Herraa pidätelleet. Rakkaus pidätteli.

Pietari kieltää taas Jeesuksen

Pietarin kompastuminen antaa hyvän muistutuksen jokaiselle joka tahtoo olla itsestään varma jonkin asian suhteen. Olevainen on itsessään heikko ja valtojen armoilla. Jos jotakin vannoo, ettei sitä tahi sitä tee, se varmuudella tapahtuu. Näin tänäänkin. IkiPöllöllä on usein suorastaan hauskaa kun hän seuraa olevaisten samankaltaista uhittelua omilla varmoilla ajatuksillaan ja päätöksillään.

IkiPöllön mielilause on, että tämä elämä on niin suuri ja vakava juttu, ettei sitä kannata aivan niin tosissaan ottaa.

Veli huumoria sopivasti kehiin, niin on helpompi luopua myös omavoimaisista yrityksistä parannella itseään taivaskuntoon.

Saa olla rikkinäinen, ja juuri sellainen kun on. Huumori luo avoimemmat kanavat sydämeltä sydämelle.

Pilatus kuulustelee Jeesusta

Juutalaiset olivat itse rakentelemiensa lakien alaisuudessa ja vankina, niinpä he eivät voineet saastumatta astua roomalaisen maaherran palatsiin.

Koska Iskän kässäri toteutuu aina tavalla tai toisella, yleensä käsikirjoitetulla tavalla, niin juutalaiset raahasivat Pomon Pilatuksen luo, koska eivät itse omistaneet oikeutta langettaa kuolemantuomiota.

Pilatus olisi mieluimmin ollut tämän kuvion ulkopuolella, olihan vaimo nähnyt varoittavan unenkin.

Viimeisenä konstina hän päätti tarjota vaihtoehtoista vapautta pääsiäisen kunniaksi joko Jeesukselle tahi Barabbaalle. Kansa sai valita. No se siitä. Tämän tilanteen lopputulos oli määrätty jo maapallon suunnitelmia luodessa. Tämäkin. Mitä jännittävää jää jäljelle, jos kaikki on jo käsikirjoituksessa? Ainakin se, ettei kukaan olevaisten maailmassa tunne eikä tiedä käsikirjoitusta.

Pilatus yritti hieman hankkia sääliä kansalta Jeesukselle, mutta turhaan. Vimmainen viha oli vallalla.

Ristiinnaulitse, ristiinnaulitse.

Pilatus oikeasti olisi mieluimmin päästänyt Pomon vapaaksi. Mutta eihän se käynyt päinsä.

Kuvittelepa Töllö mitenkä juttu olisi mennyt jos Pilatus olisi vapauttanut Pomon.

No, hieman absurdi ajatus. Eihän se ollut mahdollista.

Kaikki meni niin kuin pitikin.

Pilatus luovutti Jeesuksen ristiinnaulittavaksi.

Jeesuksen ristiinnaulitseminen

On Töllöseni hyvä muistaa, että Jeesus oli myös ihminen, sen lisäksi että Hän oli ja on Jumala.

Hän olisi voinut milloin tahansa tehdä operaation, jolla Hän olisi vapauttanut itsensä ja vaikka tuhonnut vangitsijansa. Rakkaus luomiinsa esti sen. Rakkaus rakentaa sillan. Tässä tapauksessa taivaaseen. Sitä siltaa pitkin jokainen palaa kotiin. Kukin ajallaan, kuten on jo monesti todettu rattaan pyörivän.

Sotilaat naulasivat Hänet ristille. Kaikki kävi juuri kuten oli kirjoitettu. Vaatteiden jakoa myöten.
Jeesuksen lähimmät seisoivat ristin luona.
Nainen, tämä on poikasi, Hän sanoi äidilleen. Opetuslapselle Hän sanoi, tässä on äitisi.
Se oli huoltosopimus.
Tämä hetki oli valtaisan hirvittävän upea ihana käsittämätöntä rakkautta tulviva verinen tapahtuma.
Siitä se alkoi. Kotiin paluun jälkimmäinen osio. Väylä on avattu. Käännä nuttusi. Astu armoon. Saat sen ilman hintaa. Iskä odottaa. Taivas odottaa.
Tämä elämä ja maailmankaikkeus on viimekädessä mahdoton käsitettäväksi. Otetaan vaan vastaan elämää niiltä jotka sen ovat luoneet.

Jeesuksen kuolema

Minun on jano. Hän sai hapanviiniä .
Se on täytetty.
Häneltä ei rikottu sääriluita. Näin oli kirjoitettu.

Jeesuksen hautaaminen

Joosef arimatialainen sai Pilatukselta luvan ottaa Jeesuksen ruumiin.
Hän kääri Pomon ruumiin yhdessä Nikodeemuksen kanssa.
He käärivät Jeesuksen ruumiin yrttien kanssa käärinliinoihin.
He laittoivat ruumiin puutarhan kalliohautaan.
IkiPöllö kuittaa nämä tärkeät tapahtumat näin lyhykäisesti, koska ei halua mitenkään fiilistellä tahi

kauhistella niitä. Pomon kärsimys ja kuolema on ainutlaatuinen rakkauden teko. Ei ole toista vertaista, eikä varmaan milloinkaan tule vastaavaa.

Maria Magdaleena ja opetuslapset haudalla

Jeesuksen porukoilla ei ollut juurikaan hajua olemisen todellisuuksista. Pomo oli monesti kertonut heille kuolemastaan ja siitä ettei kuolemalla ole Häneen valtaa, vaan Hän palaa takaisin noutamaan jokaisen maanpiiristä taivaallisiin. He eivät sitä voineet käsittää.

Haudalle he menivät katsomaan Pomon ruumista.

Jeesus oli noussut haudasta ja karistanut aineellisen olemuksen yltään niin kuin uimari joka nousee vedestä varistaa veden keholtaan.

Rakas ystäväni Töllö. Minä IkiPöllö, joka olen kierrellyt ja kaarrellut, pitkin ja poikin, ristiin ja rastiin tätä maailman kaikkeutta aina alkumetreiltä alkaen, annan nyt hyvin vakavan haasteen sinun sielullesi ja sydämellesi. Oletko valmis? Et tietenkään voi vastata, kun et tiedä mikä haaste on.

Annan nyt sinulle ja koko edustamallesi populaatiolle, sanoisinko sitä nyt vaikka kansansivistystehtäväksi, seuraavan haasteen.

Oppikaa ymmärtämään muutama juttu tästä olemisen akselista taivas kontra maa. Pyytäkää Iskältä ymmärrystä , laajakulmaa ja viisautta, jota Hän on luvannut antaa.

Se iso juttu on tämä ja tässä.

Liha on liha, ja henki on henki. Kuten Raamattu opettaa. Sielu on rakennelma siinä välimaastossa.

Henki on jokaisessa olevaisessa tahriintumaton pala Jumalaa, Iskää. Kun sielu rakentuu tiettyyn valmiuteen, Iskä uudesti synnyttää hänet, ja Jumalan kuva olevaisessa on todellisuutta.

Tämä kaikki tapahtuu lihallisen olemisen aikana.

Taivas odottaa häntä, kuten Jeesusta, kun Hän ponnahti ulos kalliohaudasta kun oikea hetki koitti.

Mikään liha ei todellakaan voi poistua maan piiristä.

Jeesus nousi kuolleista. Hän oli myös rakentunut monella kokemuksella maaelämän aikana.

Hänellä oli täyslaidallinen olevaisen elämän kokemusta sielussaan, kun Hän nousi haudasta.

Jeesus ilmestyy Magdalan Marialle

Pomon taivaalliset avustajat olivat hautaluolan sisällä, kun Maria tuli haudalle.

Kun Maria kääntyi takaisin ovelle, Jeesus seisoi hänen edessään. Maria ei tuntenut Häntä.

Pomon ulkomuoto oli jossain määrin muuttunut lihaelämän ulkomuodosta.

Iskä herätti Hänet, kuten JeesusPomo herätti Lasaruksen. Pomolla oli liharuumiin antimaterialisaatio vielä menossa, kun Hän kohtasi Magdalan Marian.

Hän kielsi Mariaa koskemasta Häntä, koska tietty materianpurkuprosessi oli vielä käynnissä. IkiPöllö käyttää tuota antimaterialisaatio sanaa, kun ei oikein tiedä mikä olisi oikea ilmaisu. Joka tapauksessa Pomo ruumiin kuolemansa jälkeen ikään kuin puistelee liharuumiin yltään, niin kuin uimari tultuaan vedestä ravistaa liiat vedet iholtaan. Hän luopui siis samanaikaisesti liharuumiista, ja tuli näkyväksi hengellisessä ruumiissa.

IkiPöllö tietää, että nämä jutut olivat silloin olevaisille hepreaa kuten nykyisinkin. Taikauskon omainen verho on tapahtumien yllä. Iskälle nämä eivät ole taikajuttuja, vaan normaalin oloisia tapahtumia maailmankaikkeudessa.

IkiPöllö on funtsinut tätä juttua sillai, että näiden Iskän hallinnassa olevien juttujen tulee ollakin olevaiselle salaperäisen, taianomaisen ja hieman pelottavankin verhon takana, kunnes he ovat oppineet tuntemaan Iskän ja Hänen maailmankaikkeutensa olevaisen osalta hieman paremmin.

Kun opimme tuntemaan Pomon ja Iskän, silloin tunnemme kaiken olevaiselle mahdollisen myös maailmankaikkeudesta. Sydämeen laskeutuu levollisuus ja ymmärrys, joka ei enää kysele kovinkaan paljon. Tuntemisen kautta kysymyksiin on jo tullut vastaus.

Näissä jutuissa ei tietäminen ja ymmärtäminen ole vielä mikään ratkaisu olevaiselle. Pelissä on koko elämä. Tietäminen ei ole ratkaisu, jos yhteys toimii maanruhtinaan taajuudella. Iskän kutsu taivaskanavalle, ja myöntävä vastaus siihen, on ratkaiseva kanavamuutos taivaallisiin. Se tuo muassaan sydämen ymmärryksen, ja sinetöi sielullisen kulttuurin tiedon myös taivaskanavalla käytettäväksi.

Pomo antoi sanalle kuolema uuden merkityksen. Ennen Pomon lihaelämää sanalla kuolema oli vain perinteinen merkitys. Kun ruumis lakkasi toimimasta, olevainen kuoli.

Nyt JeesusPomo antoi itseoikeutetusti kuolemalle uuden merkityksen. Kuollut on hän, joka kylläkin on elossa, mutta ei ole uudestisyntynyt taivaallisiin. Antakaa kuolleiden haudata kuolleensa, sanoi Hän. JeesusPomo.

Aiemmin tämän sanan tällainen käyttö ei olisi ollut oikein, koska mahdollisuutta uudestisyntymiseen taivaallisiin ei vielä ollut.

Kuolema on molemmissa merkityksissä todella hyvä pelin poikkivihellys. Kuka on saanut armon syntyä uudesti taivaallisiin, saa iloita ja riemuita huikeasta uudesta toimintayhteisöstä aivan uusilla resursseilla, sekä uusista työkavereista, joissa ei vilppiä eikä kateutta ole havaittavissa.

Olevainen joka ei vielä taivaallista kutsua saanut, joutuu tai paremminkin pääsee sielunpuhdistukseen Helvettiin. Kipu ja kärsimys joka syntyy, kun materialistisia ja muita sopimattomia versoja karsitaan, ei tietenkään ole mukavaa. Mitä helpommin olevainen päästää irti rasittavasta matkatavarasta, sitä nopeammin hän pääsee jatkamaan seuraavalle etapille. Kuolema on molemmissa tapauksissa hyvä. Näin on Iskä elämän kulun järjestänyt.

Jeesus ilmestyy opetuslapsilleen

Pomo ilmestyi opetuslastensa keskelle lukittujen ovien taakse.
Olevaisten kristillisessä uskonnossa on usein käsitys, että liha nousee kuolleista uskon kautta Jeesukseen.

Tämä on tietysti aikanaan ollut tarpeellinen uskomus, mutta on tullut hetki, jolloin on avattava elämän salaisuuden arkkua, jotta matka voi jatkua Iskän kässärin mukaisesti. Jeesus nousi kuolleista maaelämässä rakentuneen ja "kärsineen" sieluruumiinsa kera. Käsissä näkyivät naulan jäljet, ja kyljessä keihään piston jälki. Lihan Hän ravisteli yltään, ja siinä Hänen ulkonäkönsä hieman muuttui niin, etteivät opetuslapsetkaan Häntä tunteneet.

Koska Iskällä on paras huumorintaju, ja Hän sallii hyväntahtoisen leikinlaskun, niin kyllä IkiPöllökin saa hieman tällä katsannolla elämän koukeroita katsella.
Tällä IkiPöllö tarkoittaa lähinnä nyt sitä lievää huvittuneisuutta, kun katselee olevaisten uskomuksia elämisen kulusta. Syntymä, elämä, kuolema, ylösnousemus, maailman loppu, iankaikkisuus.

Voi voi Töllö, rakas ystäväni. Kaikki käsitykset näistä mainituista ovat nyt Iskän kässärin mukaan saamassa Isän kasvot, jotka ovat täynnä armahtavaa rakkautta. Poistumisvirrassa lipuvat tukit joissa lukee olevaisten armottomat käsitykset, tulkinnat ja tuomiot, joilla he ovat sitoneet Jeesuksen nyt vapauttamaa kansaa. Niillä on ollut tehtävänsä historian kulussa. Nyt Iskän aikataulussa on aika avata verhoa, joka on ollut tähän saakka tarpeellinen suoja matkalla Iskän kuvaksi. Eihän lapsille kerrota asioita joita heidän ei ole vielä mahdollista ymmärtää.

Kun on oikea aika, niin verhoa avataan lisää käsikirjoituksessa kerrotun verran.

Nyt Jeesus ilmestyi opetuslapsille, jotka olivat lukittujen ovien takana.

Ottakaa Pyhä Henki, Hän sanoi ja puhalsi Hengen heidän päälleen, ja antoi näin heille taivaallisen valtakirjan sitoa tai päästää syntinen vapaaksi.

Jeesus ilmestyy opetuslapsilleen Tiberiaanjärvellä

Pietari lähti kavereittensa kanssa illalla kalaan. He eivät saaneet ainuttakaan kalaa sinä yönä.

Aamulla Pomo näytti opetuslapsilleen taivaallisen mahtinsa, joka ulottuu kalojen liikkeisiin saakka.

Verkko täyttyi 153 kalasta. IkiPöllöllä ei oikein säteile miksi kaloja oli juuri tuo määrä, tai siis, että miksi kalojen lukumäärä oli tarpeen mainita. Jokin merkitys sillä varmaan oli, mutta kuten sanottua, se ei ole IkiPöllölle avautunut. Sanotaan tuon luvun olevan silloin tunnettujen kansojen määrän. Mene ja tiedä.

Porukat arvasivat rannalla olevan miehen olevan Jeesus, mutta koska Hänen ulkomuotonsa oli muuttunut, he eivät Häntä siitä tunnistaneet.

Aterian jälkeen Jeesus kysyi kolmesti Pietarilta, rakastatko sinä minua.

Kun Pietari oli vakuuttanut rakkauttaan, Pomo kertoi hänen tulevasta kohtalostaan.
Ilosanoman viejän kohtalo ei ollut helppo silloin, eikä se monesti ole sitä vieläkään.

Kaiken tämän todistaja

Pietari hämmennyksissään kysyy mikä se on sitten Johanneksen kohtalo, kun minulle näytit tuollaisen kotipolun. Mitä se sinulle kuuluu, vastasi Jeesus.
Mitä se sinulle kuuluu, vaikka tahtoisin hänen jäävän tänne aina siihen asti kunnes tulen.
Heitänpä Töllö sinulle nyt kysymyksen pohdittavaksi. Mitä ajattelet, onko niin, että olevainen joka kiihkeästi odottaa Pomon toista tulemusta, ei tunne Pomoa. Koska ei tunne, ei voi siis tietää, että Hän tuli takaisin jo silloisen sukupolven aikana huolehtimaan porukoista. Näin Pomo myös lupasi, ja Hän jos kuka pitää sanansa.
Evankeliumin lopuksi Johannes innostuu hieman liioittelemaan Jeesuksen tuottaman aineiston kvantitatiivista laajuutta. Mutta haittaakohan tuo nyt sitten mitään?
Rakas ystäväni Töllö. Ajattelin, että rakentelemme tässä viimeisen kappaleen yhteenvedon kaltaiseksi zoomailuksi ja hieman kertaustakin tulee mukaan. Onko näin hyvä?

Matkalla kotiin

Nyt pari tuhatta vuotta Jeesus Pomon lihaelämän jälkeen eivät asiat ole vieläkään kovin häävillä tolalla. Pomon yhteyteen uudestisyntyneetkin olevaiset ovat aivan hukassa oppeineen ja armottomine Raamatun tulkintoineen.

Hengen sijaan maaelämässä koulittu, perinteissä kiinni oleva sielu pitää elämän ohjaksia hallussaan. Sielullisesti tulkittu sana vangitsee, kuolettaa ja sitoo olevaisten elämän kiduttavaan ahdistukseen ja pelkoon. Jeesuksen tarjoama taivaallinen viesti vapaudesta valahtaa kuin lentohiekka sormien välistä, ja katoaa maallisen sanahelinätuulen mukana avaruuteen koskettamatta etsivää sielua.

Uskonnolliset johtajat pitävät olevaisia pihdeissään. Toisaalla hurmahenget johdattavat olevaiset tunne-elämän kiemuroihin, joiden uskotellaan olevan Pyhän Hengen toimintaa.

Karmea ja sadistinen jumalakuva rakentuu kokijansa ja tulkitsijansa persoonan mukaan ja kautta. Kuten olemme aiemmin nähneet, rakenteellisia perustuksia ei oikeastaan ole tarjolla lainkaan.

Naapuri hyväksytään Helvetin porukoihin, vaikka ollaan mukamas hieman huolestunut hänen iankaikkisesta kohtalostaan

Olevaisten olemisen perustusten sijaan tarjoilla on oppi taikatemppuja tekevästä parivaljakosta, Iskästä ja Jeesuksesta. Jos erehtyy joskus pohdiskelemaan fiilistelemään niillä kärsimyskuvioilla, joihin nämä olevaisten opit johtavat nämä valtaisat joukot, niin alkavat IkiPöllön kulmakarvat vipattamaan ja niska punottamaan esiin pyrkivistä tunteista.

Tunne on tietysti totta, mutta kertoo samalla, että vielä on IkiPöllölläkin jotakin opittavaa Iskän ja Pomon tuntemisen saralla.

Tässä nyt tultiinkin sopivasti tähän hetkeen, jossa on sopiva kohta katsahtaa tuohon perinnäissääntö ja korvike kysymykseen. Niitä nyt hieman hämmennämme.

Kuinka tärkeitä ja kahlitsevia erilaiset opit ovatkaan olevaisille. Nyt puhumme siis uskonnon kulttuurista ja opista.

Tämän maailman arvot ja oppirakennelmat ovat valtaisa kahle asuvaisille. Jokainen kulttuuri rakentaa yksilöilleen omanlaisensa pimennysverhon. Tämä verho kudotaan kyseisen kulttuurin perinnäissäännöistä. Tavallisesti verho on kaunis ja fiksu. Kulttuurin kukkasin koristeltu kaunis ja ylväs verho. Tähän me uskomme. Jokainen joka toimii tämän hyväksi, tai on tällainen, pelastuu.

Näin olemisen kuuluu mennäkin. Juuri näin. Tämä verkko, verho tai aita on se, jonka lävitse Jeesus puhkaisi poistumistien niille, joille kutsu kulloinkin kuuluu.

Tämä on se kuuluisa neulansilmä, josta vain tyhjä ja syntinen ihminen solahtaa lävitse Pomon kera, koska hänellä ei ole mitään mukanaan. Etenkään omia ansioita tai ihmiskunniaa.

Tämä maailman vankeus ja kahle on laatuaan sellainen, ettei siitä kukaan omin neuvoin eikä voimin kykene karistamaan yltään. Jos yhdestä selviää, niin jo seuraavan vapaudelta näyttävän väylän lonkerot ovat kulkijan sitoneet.

Kulttuurien kukoistusta ja arvoa ei suinkaan tule millään tavalla väheksyä. Olevaiskunnan valtaisa kehitys on kunnioitettavaa ja kaiken arvostuksen ansainnut. Se on myös mahdollisuus ja polku yhä useamman päästä osalliseksi Jeesuksen tuomasta vapauden ja elämän evankeliumista.

Kunakin aikakautena kuitenkin vain harvat löytävät tämän avoimen yksinäisyyden, Herran Jeesuksen sisällisen tuntemisen, joka ei enää kysy mitään, eikä sillä ole mitään oppirakennelmaa.
Armo ja totuus ovat määreitä, joita ei tarvitse opilla puolustaa. Ne vain ”ovat”, kuten Iskä sanoo itsestään.

Joka tuntee Pomon, hänellä ei ole oppia jota pitäisi puolustaa, kuten ei Jeesuksellakaan ollut.
Kuka ei ole antautunut Pomomme varaan, hänellä on oppi, jota tulee puolustaa. Hän on antautunut opin varaan. Tämän maailman sielullisen viisauden varaan.
Jokaisella on jokin oppi tai ajatus jonka suojassa hän koettaa kokea olonsa mielekkääksi.

Ei kukaan toimi harhaisissa opetuksissaan tarkoituksellisesti väärää oppia levittäen, vaan kuhunkin aikakauteen kuuluvilla näkemyksillä mennään.
Mutta mutta. Ei hätää. Kuten niin monesti olemme todenneet, Iskältä ei pallo huku tässä mestareiden liigan ottelussa. Sekä strategiset, että taktiset kuviot ovat hyvinkin tarkasti kässäriin kirjoitetut, ja vaikka ei olisikaan, ne syntyvät kyllä sitten tarvittaessa spontaanisti.

Tänään Iskä availee niitä ymmärryksen ovia joista nyt on aika kurkistella kaikkeuteen. Me saamme jättää kaikki turhat huolehtimiset pois repustamme, ja elää tätä elämää.

Rakas ystäväni Töllö. Katsellaan tähtitaivaalle. Kaikkeuden Isä, meidän Iskä, on kaiken luonut. Hän tuntee luomansa tähdetkin nimeltä. Mittaamattomat aurinkokunnat ovat Hänen tekoaan. Kaikki virtaa Hänestä. Ristus loi sinut ja minut ja kaiken tuntemamme kaikkeuden peruskalliosta. Isästä ja itsestään.

Hän pitää kaiken koossa suuren rakkauden salaisuuden voimalla.

IkiPöllö on nimennyt tämän olevaisten maailman Iskän rakkausapparaatiksi. Tästä välittämisen ja rakkauden moni toimi kuukelihärvelistä ei kukaan pääse vahingossa putoamaan pois.

Hän pitää kaikkeudet koossa rakkaudella. Mitä siis rakkaus on, kysyy IkiPöllö Töllöltä, joka pudistelee päätään. Onko se tahtotila, joka on ehdoitta kohteensa puolella ja pitää kohteensa ehjänä ja koossa kaikissa tilanteissa?

Isän Jumalan rakkaus on kaikkialla ja kaiken olemassaolon puolella ja kaikessa.

Kun katsot Töllö lähimmäistäsi syvälle silmän pohjiin saakka, niin alat ymmärtää, että jokaisessa luodussa asuu maailmankaikkeus. Kristus on jokaisen luonut Iskä peruskalliosta, eikä yhtäkään sirua kadoteta milloinkaan. Toinen on toisella kohtaa elämisensä kotipolulla kuin toinen, ja naapuri kulkee ehkä hieman kokeneempana askeleen edellä.

Jokainen palaa taivaalliseen kotiinsa Isän Jumalan käsikirjoituksen mukaisesti.

Jos IkiPöllö on oikein asiat ymmärtänyt, niin ystävämme ja kouluttajamme Lusifer, Saatana, tulee siellä jälkipään johtajana laumansa perässä. Hän astuu viimeisenä Jeesuksen eteen, ja nöyrtyy polvilleen vanhemman veljensä eteen. Sitten hän nousee ryhdikkäästi ylös. Nostaa käden sotilaallisesti lippaan, ja sanoo: Annettu tehtävä suoritettu, Herra Vapahtaja.

Kysyt milloin tämä hetki on?

No tietysti sitten kun tehtävä on suoritettu.

Terveisin IkiPöllö

Se Pöllö, joka on kierrellyt ja kaarrellut tätä maailmankaikkeutta ristiin ja rastiin, pitkin ja poikin, aina aikojen alusta alkaen, ja sitä ennenkin.